晋国春秋

晋公子 著

四川大学出版社
SICHUAN UNIVERSITY PRESS

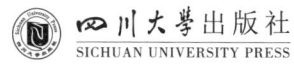

项目策划：欧风偃
责任编辑：欧风偃
责任校对：黄蕴婷
封面设计：墨创文化
封面题字：卿　磊
责任印制：王　炜

图书在版编目（CIP）数据

晋国春秋 / 晋公子著． — 成都：四川大学出版社，2021.7

（晋公子读《史记》）

ISBN 978-7-5690-4150-7

Ⅰ．①晋… Ⅱ．①晋… Ⅲ．①中国历史－晋国（前11世纪－前4世纪中叶）－通俗读物 Ⅳ．①K225.09

中国版本图书馆CIP数据核字（2021）第003240号

书　　名	晋国春秋
	Jinguo Chunqiu
著　　者	晋公子
出　　版	四川大学出版社
地　　址	成都市一环路南一段24号（610065）
发　　行	四川大学出版社
书　　号	ISBN 978-7-5690-4150-7
印前制作	四川胜翔数码印务设计有限公司
印　　刷	四川五洲彩印有限责任公司
成品尺寸	145mm×210mm
插　　页	2
印　　张	9
字　　数	185千字
版　　次	2021年7月第1版
印　　次	2022年6月第2次印刷
定　　价	45.00元

版权所有 ◆ 侵权必究

◆ 读者邮购本书，请与本社发行科联系。
　电话：(028)85408408/(028)85401670/
　(028)86408023　邮政编码：610065
◆ 本社图书如有印装质量问题，请寄回出版社调换。
◆ 网址：http://press.scu.edu.cn

四川大学出版社
微信公众号

序　言

卿磊博士是古代文学博士。常言道"文史不分家",但我感觉,他的史学兴趣比文学兴趣浓厚得多。毕业后,从教之余,肆力于《史记》等史学名著,慧心独具,不愿孤芳自赏,近年在自媒体上开辟"晋公子读《史记》"专栏,以生动晓畅的文字,来讲述《史记》人物与故事,日积月累,结集成书,就是这套奉献给读者的《晋国春秋》《吴楚世仇》《秦亡天下》和《汉家烟尘》。

这部书不是严格意义上的学术专著,而是随笔性质的"古史今读"。其中没有晦涩得化不开的学术语言,也没有繁琐的文献注释和炫耀博学的参考书目。这些文字,你可以把它当作历史故事来读——当然,和小说的故事虚构不同,本书的故事里,对历史人物和历史事件的观察与叙述都尽最大的努力去做到有据可依。

如果你习惯了《三国演义》式的历史小说,读这部书的时候可能会觉得它有些不一样。《三国演义》讲故事的办法，总是尽可能把历史人物的本领表面化。比方说诸葛亮。在他正式出场之前，小说第三十七回《司马徽再荐名士》写到水镜先生对卧龙的评价，说他可比"兴周八百年之姜子牙，旺汉四百年之张子房"。认真说起来，这是罗贯中为诸葛亮改造过的"人设"。因为姜子牙是西周灭商的谋主，司马迁所谓"周西伯昌之脱羑里归，与吕尚阴谋修德以倾商政，其事多兵权与奇计，故后世之言兵及周之阴权皆宗太公为本谋"（《史记·齐太公世家》），而张良呢，《史记》载，乃是《太公兵法》的嫡派传人，刘邦金口誉为"运筹帷幄，决胜千里"的军事战略家。历史上真实的诸葛亮，其实和这两位军事家并不一样。他不像太公而像周公，不像张良而像萧何。陈寿说孔明"可谓识治之良才，管、萧之亚匹矣。然连年动众，未能成功，盖应变将略，非其所长欤！"（《三国志·诸葛亮传》）

陈寿对诸葛亮的这番评价，罗贯中当然不会不知道，但他仍然执着地要将诸葛亮从一个治国理民的政治家改造成神机妙算的军事天才，其间的苦衷，恐怕正因为通俗小说面对的是市井大众。决胜千里的张良，他的厉害是摆在面儿上的，老百姓一眼就能瞧出来；可坐镇关中、足食足兵的萧何厉害在哪儿呢？在普罗大众眼里，他比起张良似乎平庸得多了，更多人对萧何之于汉朝基业的贡献是不甚了了的。

《三国演义》对诸葛亮的"改造"很精彩，但也因此在小说里凭空增添了许多"火烧博望""火烧新野"一类的骑马打仗的故事。本书作者不想学罗贯中，不想专注于写骑马打仗的故事，尽管这部书讲述的是从春秋到西汉，那一段接一段烽火连天的岁月。

历史的精彩并不只存在于战场之上。相比于晋楚两国的城濮之战，重耳与楚成王充满言谈机锋的宴席，比战场上的兵戎相见更令人心惊胆战；较之长平之战，秦昭王在渑池会上戏弄赵国君臣的谋篇布局更令人击节称赏。本书的看点，就是将政治家复归为政治家，外交家复归为外交家，在谈判桌上，在宫闱之间，在宴席之上，在觥筹交错之中，去讲述他们的"厉害"。而且，相比于他们的"厉害"，本书更多讲述他们的"不厉害"，让这些历史人物复归为一个有血有肉的普通人。因为只有这样，才能看清在历史的惊涛骇浪之中，那些伟大的名字曾经有过的困顿、挣扎、煎熬和蜕变。

《史记》是中国史学的经典，常读常新，能启人神智。但对广大普通读者来说，却有两重障碍：一是文字，二是书写方式。众所周知，《史记》是以人物为中心的"纪传体"，很多重大事件的叙述是"互见"，出现在不同的人物传中，除非通读全书，至少阅读相关人物的传记，否则很难形成整体印象。我认为，此书的一大优点，就是采用了比较符合现代普通读者阅读习惯的叙述方式，打通人物传记，串联历史事件，形成若干引人入胜的话题，娓娓道来。可信性与可读性集于一书，这便是我推荐此书的理由。

谢　谦

2021年6月于湖南大学岳麓书院望江楼

目 录

曲沃吞晋　　/001

重　　耳　　/009

赵氏兴起　　/116

赵盾专权　　/148

下宫之难　　/193

三家分晋　　/252

附　主要人物关系表　　/277

曲沃吞晋

壹

在中国古代,有这么两兄弟:一个名叫"仇",一个名叫"成师"。

这两个看起来平淡无奇的名字,却预示了一个国家长达六十七年的分裂乱局。

他们都是西周大国晋国的第九代国君晋穆侯的儿子。

公元前805年,周宣王召集诸侯军队向盘踞在中条山一带的条戎发动攻势。应召参战的晋穆侯不幸遭遇了惨败。为了提醒自己和国人铭记对戎狄的仇恨,他为自己在这一年出生的嫡长子,也就是太子,取名为"仇"。

三年以后,晋军再度出师,在千亩取得大捷。当胜利到来的的时候,晋穆侯的第二个儿子也出生了。于是他带着战胜的喜悦,为自己的次子取名为"成师"——师出成功,一个有口彩的好名字。

但是，大夫师服听到国君为两个孩子所取的名字之后，却禁不住仰天长叹：

"像这样取名字，晋国今后能不陷入混乱吗？"

两个襁褓婴儿的名字和国运治乱有什么关系呢？师服的这番感慨发得有点儿蹊跷，我们不妨来说一说其中的道理。

晋穆侯给两个孩子取名字的情景有点像《左传》中著名的《郑伯克段于鄢》。武姜在分娩郑庄公的时候"寤生"——也就是遭遇了难产，庄公不像正常的婴儿那样头先出来，而是脚先出来了。这可把武姜吓得不轻。庄公因此被名为"寤生"，遭到了母亲的嫌恶。

晋穆侯的夫人和武姜是同姓，她的这两个儿子"仇"和"成师"也是根据出生时遭逢的事儿来取的名字。我猜想，晋穆侯给两个孩子起名的时候并没有厚此薄彼："铭记仇恨"和"庆祝成功"都是把儿子的命运与晋国的国运紧紧地联系在了一起。太子也好，公子也罢，既然身上流淌着国君的血脉，他们从出生的那一天起就注定要承担起晋国兴亡的责任。

但是言者无心，听者有意。大夫师服竟然从晋穆侯所起的两个名字当中读出了别的意思。"仇"在文言中的解释是"怨偶"，换作今天的话说，就是人际关系不融洽；而"师"则可以理解为"众人"，"成师"就是能得众人之心。

这样两相比较下来可就坏了：太子仇如果人际关系不融洽，人心都跑到二公子成师那儿去了，那到底这个国家以后该谁说了算呢？正因为联想到了这里，师服才忧心忡忡地感叹道：

"今嫡庶名反逆，此后晋其能毋乱乎?!"

——《史记·晋世家》

十七年以后，晋穆侯去世了。但师服的预言似乎并没有应验。太子仇和公子成师谁也没能顺利地接过父亲手中的权力——他们的叔叔"殇叔"篡位自立。刚到及冠之年（二十岁）的太子仇被迫逃亡。

"殇叔"这个人，文献中关于他的记载少之又少。谥法上说，"短折不成"曰"殇"（《逸周书·谥法解》）。从这个谥号推论，殇叔死的时候年纪还轻，估计比太子仇大不了太多。而他的死，正是拜侄儿姬仇所赐。殇叔霸住国君的位置坐了四年。四年之后，太子仇和他的党徒卷土重来，袭杀殇叔，成为晋国的新君，史称"晋文侯"。

流亡四年才终于登基的晋文侯对手中的权力看得很紧，而他时刻提防的那个潜在威胁就是胞弟成师。在晋文侯执政的三十五年当中，弟弟成师始终没能获得正式的封邑，兄弟间的嫌隙可见一斑。当然了，这也不能怪文侯无情：他自己曾经被殇叔"截和"，流亡四年，好容易才夺权成功，总不能让儿子再吃成师的亏吧？和兄弟比起来，还是儿子更亲呐。

那成师呢？从他出生直到胞兄晋文侯去世，《史记·晋世家》中这一段时间跨度长达五十八年的记载始终没有提到过他的名字。孔子曾经说：

"四十五十而无闻焉，斯亦不足畏也已！"

——《论语·子罕》

"如果五十岁了都还默默无闻的话，那这辈子恐怕是没什么指望了。"不晓得五十八岁的成师如果听到这番话会不会有剜心之痛呢？这个曾经被大夫师服预言将要改变晋国历史的人现在已经走到了行将就木的年纪，但说好的众望所归呢？

"众里寻他千百度，蓦然回首，那人却在灯火阑珊处。"命运有时候就是这样捉弄人的：你觉得机会最有可能出现的时候，它却迟迟不来；等到了将要放弃的关口，上帝却出人意料地扔下一颗水果糖，甜了你一嘴。

胞兄晋文侯死了，侄子晋昭侯嗣位。就在昭侯嗣位的元年（公元前745年），五十八岁的成师终于拿到了属于他的那颗水果糖。

贰

成师是在公元前745年获封曲沃的。对晋国来说，成师的受封就像打开了潘多拉的魔盒，空气中分裂与内战的硝烟味慢慢地开始刺鼻了。

但遗憾的是，对这件极大地改变了晋国历史进程的关键性事件，史书中的记载却是语焉不详：

> 惠（鲁惠公）之二十四年（公元前745年），晋始乱，故封桓叔（即成师）于曲沃。
>
> ——《左传·桓公二年》

根据上面的记载，晋昭侯之所以改变了父亲压制成师的长期政策，是因为晋国此时发生了动乱。但这里所说的动乱是什么？它的发生是否和成师有直接的关系，又怎样促成了成师的受封呢？这些问题，《左传》的作者都没有予以回答。因此，司马迁在撰写《史记》的时候径直删去了谜一样的"晋始乱"三字，于是成师因为什么时来运转遂成了一桩无法破解的历史悬案。

成师受封的原因虽然无从考察，但封赐他的恶果却是一目了然的：

> 昭侯元年（公元前745年），封文侯弟成师于曲沃。曲沃邑大于翼。翼，晋君都邑也。成师封曲沃，号为桓叔。靖侯庶孙栾宾相桓叔。桓叔是时年五十八矣，好德，晋国之众皆附焉。君子曰："晋之乱其在曲沃矣。末大于本而得民心，不乱何待！"
>
> ——《史记·晋世家》

司马迁说，当成师被封到曲沃之后，这里遂成了晋国动乱的策源地，因为成师的封邑曲沃在建设规模上僭越了礼制。

周朝礼制对不同等级的城市建设规模有非常严格的规定：

> 都城过百雉，国之害也。先王之制，大都不过参国之一，中五之一，小九之一。
>
> ——《左传·隐公元年》

以诸侯国的国都为基准，封国内的卿大夫封邑，规模最大的不能超过国都的三分之一，中等城市不过五分之一，小城镇则只有九分之一。国都与封邑的大小之别，显示的是国君与其分封的卿大夫在地位上的尊卑有序。如果卿大夫擅自扩建自己的封邑，那便是僭越，便会引发旁人对他心怀叵测的猜疑。

因此，在《郑伯克段于鄢》这个故事当中，郑庄公的弟弟共叔段逾礼扩建自己的封邑——京邑，大夫祭仲便忙不迭地向郑庄公发出预警："京邑逾制，君将不堪！"

和共叔段相比，号称"曲沃桓叔"的成师对国君来说是一个危险得多的臣属，因为他的封邑曲沃可不仅仅是逾制，而是修得比国都翼城还要大！这样尾大不掉的形势难免会引得其他政治投机者在成师身上下注。因此，就在晋昭侯七年（公元前739年），晋国大臣潘父发动政变，弑杀昭侯，准备迎立曲沃桓叔入主翼城。幸好晋国大臣们及时镇压了叛乱，处死潘父，发兵将桓叔逐回曲沃，这才为晋昭侯的一线血脉保住了继位的可能。

这一次曲沃与翼城的兵戎相见进一步加剧了晋君和曲沃系的

分裂与敌对：八年之后，桓叔去世，他的儿子姬鳝继承了他的爵位，并继续与晋昭侯的儿子晋孝侯对峙。值得注意的是，这时曲沃主人的称号已经由姬成师的"曲沃桓叔"变成了姬鳝的"曲沃庄伯"。

从"桓叔"到"庄伯"，称号的微妙变化透露出了一个非常敏感的政治信息："桓叔"意味着成师仍承认自己是晋君的亲属和臣僚，就跟郑庄公的弟弟号称"京城大叔"一样。但"庄伯"应该是国君的称号，这意味着曲沃系已经脱离晋国而独立，只不过没有获得周天子的首肯，不能拥有自己的国号罢了。

既然不再臣属于晋君，那曲沃庄伯对晋孝侯刀兵相向就再无顾忌。于是晋孝侯十五年（公元前724年），庄伯在翼城杀死了孝侯。但他入主翼城的图谋却再一次被晋国群臣粉碎，他们驱逐了庄伯，拥立了孝侯的儿子鄂侯登基主政。

从桓叔受封曲沃，到他的孙子武公最终吞并晋国，曲沃系对晋国先后发动了六次吞并行动。前两次都因为晋国群臣的集体反对而中途受挫，但第三次吞并行动却成了曲沃吞晋进程中的历史转折点：

> 鄂侯六年（公元前718年）卒。曲沃庄伯闻晋鄂侯卒，乃兴兵伐晋。周平王使虢公将兵伐曲沃庄伯，庄伯走保曲沃。晋人共立鄂侯子光，是为哀侯。
>
> ——《史记·晋世家》

当年西周东迁的时候，晋文侯曾经将兵护送周平王，立下功劳。东周定都洛邑,"晋、郑焉依"(《史记·周本纪》)。晋国不但与王室同宗,而且还是支撑东周政权的两根台柱子之一,故而周天子是不会坐视晋国被吞灭的,这应该也是曲沃系无法获得周天子正式承认的重要原因。

公元前718年,曲沃庄伯趁着晋鄂侯去世的机会再度兴兵攻打翼城,企图兼并晋国,周平王便派遣西虢国的援军帮助晋国驱逐庄伯了。周平王的力保固然可以为晋国注入一针强心剂,但这也显示,在晋国和曲沃系的力量对比中,优势已经逐渐转移到曲沃系一方,否则为什么前两次都能独立驱逐曲沃系的晋国,这次却必须要周天子伸出援手呢?

到了这个地步,晋国的命运其实已经不由自主。一旦周天子对晋国的态度动摇,晋国随时都有被曲沃系吞并的危险。终于,在公元前678年,也就是齐桓公开始称霸中原的那一年,周天子抽走了晋国立国的压舱石。

这一年,曲沃武公(也就是曲沃庄伯的儿子)第三次发动了吞晋行动,出兵将晋侯缗一举消灭。灭晋之后,他把掠夺自晋国的宝器悉数进献给了周釐王。最终,在真金白银的诱惑下,贪婪的周釐王放弃了曾经的王室功臣,承认了曲沃吞晋的合法性。

一百二十多年前师服的预言在这一刻终于应验了:曲沃桓叔成师的孙子终于取代晋文侯姬仇的后裔,成为晋国的新主人。而走过分裂与内战的晋国,也即将崛起在中国的北方。

重　耳

壹

公元前656年的一天，晋国太子申生从自己镇守的宗邑曲沃来到国都绛邑。他这一趟风尘仆仆地入都，只为了向君父晋献公奉上一樽祭酒和一块胙肉。

就在之前不久，申生收到了来自绛邑的传话：晋献公在夜里梦见了那个曾与他结下孽缘的女人，也就是太子申生的生母齐姜。百感交集的晋献公让太子赶紧在曲沃的齐姜庙举行一场祭祀，以便令逝者安息，生者宽慰。

母亲去世多年，父亲晋献公却还是未能忘情，以致思念成梦，这大概让远在曲沃，不能朝夕承欢的申生非常感动。于是在祭过亡母之后，他亲自将祭酒和胙肉送来绛邑，希望自己的父亲晋献公能够饮福受胙，沾享神灵赐予的福泽。

他来得不巧，献公带着随从出城打猎去了，于是祭酒和胙肉便摆在了宫里。两天以后,献公回来,宰夫向他献上太子送来的胙肉。既然是祭过神灵的供品,享用之前,须得答谢神灵的恩赐。于是献公照例斟满一杯祭酒,酹之于地。就在这时,奇怪的事情却发生了:被祭酒浸湿的地面居然隆了起来!

眼前的怪象让晋献公的心里生出了一丝寒意:莫不是这酒肉有问题?于是他割下一块胙肉扔给狗吃,狗竟然死了。"肉里有毒?不,父子君臣之间,像这样的猜测可不能随便说出口。"于是献公命令身边的宦官尝一尝胙肉,结果他和那条狗一样,抽搐之后,很快就变成了一具冰凉的尸体。

是了,酒肉的确是下过毒的。但究竟是谁阴谋对自己下手呢?酒肉既然是太子送来的,当然他脱不了嫌疑。但这酒肉在宫里摆了整整两天,也难保没有旁人从中作祟。究竟是申生想要弑君自立,还是有小人企图挑拨太子与国君的关系呢?晋献公陷入沉思。

就在这时,原本在一旁默不作声的宠妃骊姬却"哇"的一声哭了出来:"太子的心可真狠呐,竟然阴谋弑君!国君年已垂暮,将来大位自然归于太子,他却居然连这点儿时间都等不及了吗?"

骊姬越说越激动:"太子之所以铤而走险,不过因为妾身和儿子奚齐罢了。国君此前私下对臣妾说要废黜太子,另立奚齐,我还苦苦地劝阻您使不得!使不得!现在想想,真是后悔不迭。既然太子已将我母子视为眼中钉,肉中刺,妾身愿意带着儿子避往他国，或者干脆一死了之，否则将来必为太子所鱼肉矣！"

虽然涕泗纵横的骊姬情绪如此激动，表情如此夸张，一口咬定鸩酒毒肉就是太子做了手脚，但献公并未马上表态。

没见识的女人，听风就说雨！虽说自己更换太子的想法已经有些年头了，朝中大臣也私下里有过议论，但多年以来，太子申生对自己依然恭敬、忠诚，在没有特殊刺激的情况下他没道理铤而走险。

退一步说，即便主谋真是太子，现在嚷嚷出去更会坏事。因为太子担任下军统帅已有五年，故吏亲随遍布军营。一旦逼迫他发兵反叛，晋国随时可能陷入一场大规模内战！该怎么办呢？……

就在晋献公为这桩疑案的真相陷入痛苦和思索的时候，得到风声的太子申生已然悟出了事情的原委：真正要陷害自己的人必是骊姬。现在回想起来，自己实在太过天真了。自从十六年前得到了骊姬，国君与她情好日密，又哪里还会梦到自己的亡母齐姜？这一定是骊姬假传口谕，阴谋下毒，目的就是扳倒自己，让她的儿子奚齐坐上太子的位置。事已至此，不能再滞留绛邑了，得赶紧走！

想到这儿，惊恐万状的申生仓皇逃离了国都，星夜兼程，奔新城曲沃而去。

不幸的是，正是太子避祸曲沃的仓皇举动让晋献公坐实了心中的猜测——如果你襟怀坦荡,为什么要逃跑?难道不是做贼心虚吗?晋献公再也无法压抑心中的怒火了。教不严,师之惰!他当即下令处死了太子申生的师傅杜原欵。

老师已经人头落地,太子又该何以自处?

旁人劝他说:"下毒的人肯定是骊姬,太子何不上书国君,辩诬自白?"

申生苦笑道:"国君垂垂老矣,片刻都离不开骊姬。没有她,国君食不甘味,寝不安枕。我上书自辩,揭穿骊姬,国君只当我是诬陷塞责,会对我更加恼怒。"

"那何不出亡他国?您的胞姊不正是秦君的正室夫人吗?"

"无君无父,心如蛇蝎。我背负这一身污名,秦君又岂能容我?事到如今,唯有一死!"

十二月戊申,太子申生在新城自杀了。

贰

一部《国语》,洋洋洒洒二十一卷,其中近半数的篇幅——也就是九卷,都在讲述春秋时代晋国的那些事儿。在这九卷《晋语》的开篇,记载了这样一个故事:

公元前672年出征骊戎之前,晋献公命史苏就此战的吉凶卜卦问天。史苏问卜之后,向献公复命道:"卦象显示,此战将胜,但……胜而不吉。"

"怎么讲?"

"从烧灼龟甲的裂纹来看,两条交会纹的当中有一条纵纹,这就好比一个人的口内含着一块骨头。交会纹左右曲折如牙齿之状,而'骨头'正拨弄于齿牙之间,这兆示着交兵骊戎,很可能挑动晋国的一场谗口之祸,民意将会因此叛离,百姓将会因此星散。"史苏口中那个挑动谗口之祸的罪魁就是晋献公的宠妃,骊戎之女骊姬。她正是那一次献公伐戎的战利品。

晋献公俘获了骊姬的身体,但骊姬却俘虏了他的心灵。来到献公身边专宠六年以后,公元前666年,骊姬为晋献公诞下了儿子奚齐。《国语》的作者说,仗恃晋献公的宠爱,骊姬从这时开始着手策划了一场阴谋,迫害太子申生和他的两个异母兄弟重耳、夷吾。只有异己肃清,儿子奚齐将来才能独掌晋国的大权。为了这一天,骊姬步步为营,经过十年的苦心布局,到公元前656年,她终于遂了心愿。骊姬伪造献公的旨意向申生传话,让他速祭亡母齐姜,并将祭祀的胙肉送往国都绛邑供献公享用。在胙肉送来的过程中,骊姬乘虚投毒并栽赃申生,还诬陷公子重耳和夷吾两兄弟也参与了此次"弑君密谋",逼迫申生自裁,重耳和夷吾流亡国外,演出了晋国史上一幕血腥的萧墙之争。

《国语》的作者一口咬定,这出父子反目、兄弟相残的悲剧就是骊姬一手造成的,这个心如蛇蝎的女人无疑就是扰乱晋国的历史罪人。但是对《国语》的言之凿凿，撰写《史记》时显然参考过九卷《晋语》的司马迁却并不认同。他发表了这样的看法：

> 骊姬生奚齐。献公有意废太子。
>
> ——《史记·晋世家》

在司马迁看来，首先起意废黜太子申生的那个人是晋献公，不是骊姬。献公，还是骊姬？他们之中究竟谁才是废太子事件的主谋呢？这个问题的答案将会成为一把钥匙，带领我们以正确的方式去打开此后三十年间晋国五易其君的动乱史。而要找到这把钥匙，我们得从晋献公那混乱的私生活中去寻绎线索。

批评骊姬乱政的史学家们往往执着于这一点，那就是骊姬迫害太子申生，代之以亲子奚齐的做法扰乱了晋国的宗法制度。比如李孟存和李尚师二位先生就说：

> 经过骊姬之乱，晋国宗法上出现的又一特点是嫡长子甚至长子继承制被打破了。由于太子申生被骊姬所逼而自杀后，庶子奚齐则即君位主祭宗庙。
>
> ——《晋国史》

从年龄上说，申生远大于奚齐，他的嫡长和太子名分又早已确定。乳臭未干的奚齐又凭什么去和申生竞逐嗣君之位呢？《左传·庄公二十八年》载：

> 晋献公娶于贾，无子。烝于齐姜，生秦穆夫人及大子申

生。又娶二女于戎，犬戎狐姬生重耳，小戎子生夷吾。晋伐骊戎，骊戎男女以骊姬，归，生奚齐，其娣生卓子（悼子）。

从这段记载看，晋献公的感情生活和家庭关系比较复杂。他的原配夫人贾君是山西的姬姓小邦贾国的宗女，与贾君的结合很可能是出于政治联姻的需要。贾君嫁给晋献公之后一直没有生子。这里头的原因我们不妨做两种推测。一种可能是贾君根本就没有生育能力——晋献公显然是有的，他和别的姬妾总共生下了九个儿子——膝下无子，可能导致贾君与晋献公之间感情淡薄，所以献公才会轻易地移情别恋，爱上骊姬。另一种可能则是贾君与晋献公成婚之后本就不睦，正是因为感情不和谐，所以贾君才没能给献公生个一儿半女。无论这两种推测哪一种成立，都改变不了晋献公没有嫡子的事实。

被立为太子的申生不是贾君亲生的，也就是说，他是在"有嫡立嫡，无嫡立长"的宗法制原则下以庶长子的身份登上太子之位的。这使得申生嗣君的名分从一开始就成色不足，更别提申生原本的身世还很不体面。在与贾君成婚之后，晋献公恋上了这个叫齐姜的女人。齐姜，估计是晋献公之父晋武公的妾室，因为《左传》说献公"烝于齐姜"。春秋时代的所谓烝婚，指的是儿子在父亲死后迎娶庶母。这种带有乱伦性质的婚姻关系是要受到道德批判的，所谓"上淫为烝"，故而对烝婚，《春秋》常以非礼之事记之。

这样一分析我们就清楚了，由于嫡母贾君无子，申生是以庶长子的资格成为太子的。这就为他将来的继位埋下了一个巨大的隐患。贾君无子，与晋献公的感情又可能不和，她这个正室夫人的地位本身就不稳固。一旦贾君被废，新夫人为晋献公生下嫡子，背负着道德原罪而生的申生还能安安稳稳地坐在太子的位置上吗？

对贾君和申生来说，他们的厄运正是从公元前672年晋献公征伐骊戎开始的。在那次战争中俘获骊姬之后：

> 晋献公欲以骊姬为夫人，卜之，不吉；筮之，吉。公曰："从筮。"卜人曰："筮短龟长，不如从长。且其繇曰：'专之渝，攘公之羭。一薰一莸，十年尚犹有臭。'必不可！"弗听，立之。
>
> ——《左传·僖公四年》

> （晋献公）遂伐骊戎，克之。获骊姬以归，有宠，立以为夫人。
>
> ——《国语·晋语一》

我很惊讶于从前的历史学者们将骊姬之子奚齐视作庶子的观点，因为上述两条文献资料清晰地表明，在生下奚齐之前，骊姬就已经正式取代贾君，成了晋献公的新夫人，她的儿子奚齐理所当然该是晋献公的嫡子（司马迁撰写《史记·晋世家》时，据逸闻说骊姬只是晋献公的妾，并未被立为夫人，恐不足据）。西周以来的宗法制度规定，太子的遴选必须遵照下面的三条原则进行：

> 身钧以年，年同以爱，爱疑决之以卜、筮。
>
> ——《国语·晋语一》

太子之择，首重血统。通常情况下只有嫡妻之子才有资格成为太子。如果正室夫人的儿子不止一位，那年长者将自动取得嗣君的身份。倘若有两位甚至多位嫡子年龄相同，国君可以凭自己对他们的喜爱程度自行抉择。假设情况再极端一点，国君对这些公子们都疼爱有加，无从抉择，那就只能采用卜筮，将太子的择立交付与上天的意志了。

贾君被废，骊姬代立。这个正室夫人的身份不免让骊姬得陇望蜀：她都能取贾君而代之，为什么她的儿子不能挤掉申生，成为新太子呢？反正申生的嗣君身份本来就"来路不正"嘛！所以说，如果有人应该站出来为申生与奚齐的夺嫡之争乃至晋国的萧墙之祸承担历史责任，那也应该是晋献公而不是骊姬。正如《国语》所说：

> 曰，君以骊姬为夫人，民之疾心固皆至矣。
>
> ——《国语·晋语一》

入门为夫，出门为君。一身兼着丈夫和国君两重身份的晋献公为小家庭的温馨和个人感情的满足考虑得太多了。他一心想着讨好自己的新欢，对废立正室夫人可能导致的政治动荡明显估计不足。从晋献公不顾群臣的劝谏，执意改立骊姬为夫人的那一天起，他就已经成了晋国舆论非议的焦点。正是他的一念之差引发了晋国此后三十年间五易其君的政治动乱。

一部严谨的历史著作应该以清晰的大局观和敏锐的洞察力勾勒出时代发展的大势与历史演进的必然规律。将偌大一国将近半个世纪的动乱历史归咎于一个女人的私心邪念，那是小说家塑造人物形象才会采用的艺术夸张手法。《国语》这部书虽然与《左传》并列，号称"《春秋》外传"，但它的作者却很有些小说家讲故事的习气。在《楚语》当中，为了凸显楚灵王的荒淫豪奢，作者虚构了章华台落成之时天下诸侯纷纷拒绝出席落成典礼，只有一个鲁昭公迫于楚国的军事恫吓无奈南下的场景；而到了《晋语》中，他又把骊姬这样一个被命运裹挟的柔弱女子钉死在道德的十字架上，贴一张"牝鸡之晨，惟家之索"的大字报，由她去承担扰乱晋国的罪责。难怪司马迁撰写《晋世家》的时候会对《国语》中这些惟妙惟肖的故事视而不见了。

叁

根据《左传》与《国语》的相关记载，骊姬谋划废黜太子申生，代之以奚齐，是从奚齐出世的那一年，也就是公元前666年

·重耳·

开始的。这一年的《左传》写道:

> 骊姬嬖,欲立其子,赂外嬖梁五与东关嬖五,使言于公……夏,使大子居曲沃,重耳居蒲城,夷吾居屈。群公子皆鄙。
>
> ——《左传·庄公二十八年》

《左传》说,为了让儿子奚齐正位太子,骊姬贿赂了晋献公身边的两位亲信大夫梁五与东关五,由他们出面向晋献公提出建议,派遣太子申生出镇宗邑曲沃,公子重耳与夷吾分驻边邑蒲城与屈城。这样做的目的何在?《国语》补充道,骊姬的盘算是要将太子申生远远地支开,以方便自己在晋献公面前进谗言,离间献公与申生的父子关系。

《国语》的这一论断很可能是由十年后骊姬借故诬陷申生向晋献公投毒,意图弑君的后事倒推回去得出的,未必符合事发当时的实际状况。倘若我们从宗法制度的角度去解读三公子的分封,它传递出来的政治信息很可能是这样的:

按照宗法制度的规定,国君的嫡长子有权继承大统,他应该以太子的身份长驻国都,侍奉君父,同时等待着宫车晏驾、登基嗣位的那一天。而他的兄弟们,那些不具有继承权利的公子们则会获得封邑,成为国君领导下的世袭大夫。申生既是太子,自然不应有封邑。获封曲沃意味着申生已经被献公视作别子而非嗣子——他失去了晋国君位的继承权。因此《史记》在申生就封曲沃之后写道：

> 晋国以此知太子不立也。
>
> ——《史记·晋世家》

太子申生可能遭到废黜的政治信号一经传出，大臣们并未当着晋献公的面坚决反对——毕竟申生只是献公的庶子，而奚齐是嫡妻骊姬所出，废庶立嫡，于理为合——但许多人仍在私下里流露出不同程度的担忧。他们担心的是，晋国会因为这一次的废立储君生战生乱。要知道，在晋献公上台之前，晋国刚刚结束分裂，完成统一，没有人愿意噩梦重温。后来发动政变，诛杀骊姬与奚齐的中大夫里克也持有类似的态度。在政变当时，里克对自己的盟友丕郑说了这样一番话：

> "夫孺子（指奚齐）岂获罪于民？将以骊姬之惑蛊君而诬国人，谗群公子而夺之利，使君迷乱，信而亡之，杀无罪以为诸侯笑，使百姓莫不有藏恶于其心中……是故将杀奚齐而立公子之在外者……"
>
> ——《国语·晋语二》

奚齐以嫡长子的身份取代申生成为嗣君，里克对此无话可说。但是，骊姬采取极端手段疯狂迫害太子申生和两位公子重耳、夷吾，引发晋国政坛的大动荡，这让里克及许多晋国官员对她印象恶劣。要不是这样，晋献公的近卫亲军也不至于在七舆大夫的领导下集体倒戈，支持里克政变。刚刚继承君位就遭遇杀身之祸的奚齐其实是受了母亲的连累而罹难的。

里克的话给了我们另外一番想象的空间：假如骊姬在夺嫡的过程中适可而止，不要把事情做得那么绝，奚齐是否就能顺利地接掌晋国的最高权力呢？如果有这种可能，那么在当初申生已经远避曲沃，奚齐事实上成为嗣君的情况下，骊姬又为什么要丧心病狂地对申生、重耳和夷吾三兄弟痛下毒手呢？

要解释这个问题，我们必须注意到这一点：如果公元前666年的那一次分封只是单纯为了解决太子名位的归属问题，那晋献公只需单独将申生封到曲沃就可以了。但事实上他没有，重耳和夷吾两位公子也同时就封，就封地点是晋国的边境重镇蒲城与屈城。这说明此次分封在更换继承人之外，还潜藏着晋献公其他的政治考虑。

这个考虑是什么呢？

有这样一个事实可能是许多人在阅读这段历史的时候所忽略的，那就是骊姬嫁给晋献公以后的这些年，也恰恰是晋国有史以来对外扩张最迅速的时期。晋献公终其一生"并国十七，服国三十八，战十有二胜"（《韩非子·难二》），不但将整个山西南部纳入了晋国的版图，势力范围还翻越中条山，侵入河南。

领土扩张如此之迅速，该如何巩固对新占领区的统治呢？晋国后来的争霸对手楚国的解决方案是，于边境的战略要地和重要交通线设县，在楚王的直接领导下建立面积广阔的县邑和战斗力强悍的县师，以此作为楚国的藩屏。后来的历史证明，这套地方行政管理体制在春秋时代是最先进和高效的。

但设县是楚国的首创，因为楚国本来就是游离于西周主流政治文化之外的南蛮诸侯，没有历史渊源与传统观念的束缚，因而能独创新制。与它相比，晋国的情况就完全不同了。晋国始祖唐叔乃是周成王的亲弟弟。想当年，成王将这个少弟封到山西，一方面是要依靠自己的血亲在北方执行武装拓殖，另一方面也要借此抵挡少数民族对中原腹地的入侵。既然晋国是西周王朝开疆拓土的急先锋，那它的领土扩张方式自然也会受到西周的强烈影响。对晋国来说，西周封建是一个现成的"样板房"，仿效成王和周公的遗法，循"亲亲上恩"的原则将晋国的公族子弟们分封到新占领区去做封君，让他们成为拱卫晋国的藩篱，这才是正途。但是走这条路，晋献公却面临一个现实的困难：晋国的公室贵族在献公上台后被诛杀殆尽，眼下献公乏人可用。

对自己的同宗骨肉大开杀戒，晋献公也有不得已的苦衷。在献公的父亲晋武公以前，晋国曾有过一段长达六十七年的分裂历史：晋穆侯的嫡长子一系以晋侯的身份控制着国都翼城，他的少子一系则以大夫的身份割据于曲沃。曲沃系经过曲沃桓叔、曲沃庄伯和晋武公三辈人的努力，直到公元前 678 年才最终吞并大宗，重新统一了晋国。

鉴于这样一段同宗相残的血腥历史，晋献公对曾祖曲沃桓叔和祖父曲沃庄伯遗下的旁系亲属深怀疑虑，于是在公元前669年接受了大夫士蒍的建议，以铁血手段清洗桓、庄之族。除少数人侥幸逃亡虢国之外，晋国的公室贵族在这次大清洗中遭到了毁灭性的打击。

李孟存、李尚师二位先生在《晋国史》一书中写道：

> 从当时的诸国形势看，异姓之族在诸侯列国中虽有弑君之能，但却不能自以为君。相反，那些能够篡位自立为国君者无一例外全是公族的叔侄昆弟们。所以，晋献公为了消除公族逼君的忧患，深刻地认识到任用异姓比任用同姓公族更有利于维护自己的统治。他也深深懂得，只有重用异族姓氏的势力来剪除其亲近的公族力量，才能保住自己的君位。

从后来的历史发展看，晋献公确曾大力提拔过异姓军功贵族。公元前661年，晋献公御师亲征，一举伐灭霍、魏、耿三个小国。战后，献公将新占领的耿与魏分别赐予在战斗中立功的赵夙和毕万，任命他们为晋国的异姓大夫。从地图上看，这两个封邑均在国都绛邑的西部，沿黄河东岸上下分布。耿地监临少梁渡，魏地控扼蒲津渡，晋献公这样布局的目的可能是要利用两个封君防范秦国东进。

提拔异姓军功贵族是晋献公推进领土扩张的一手棋，但他可不是只有这一手棋。公元前666年分封三公子申生、重耳和夷吾就是晋献公的另一手棋。梁五与东关五两位大夫向晋献公建议分封三公子的时候说：

> "曲沃，君之宗也；蒲与二屈，君之疆也；不可以无主。宗邑无主，则民不威；疆埸无主，则启戎心；戎之生心，民慢其政，国之患也。若使大子主曲沃，而重耳、夷吾主蒲与屈，则可以威民而惧戎，且旌君伐。"使俱曰："狄之广莫，于晋为都。晋之启土，不亦宜乎！"晋侯说之。
>
> ——《左传·庄公二十八年》

命申生居于曲沃，震慑晋国内部潜在的反对力量，让重耳、夷吾两兄弟坐镇边疆，支撑晋国开疆拓土的扩张形势，这个建议准确地命中了晋献公对外扩张政策的最大焦虑——建立封君，乏人可用。所以，骊姬之所以能够成功地将三公子逐出国都，并不完全是因为晋献公嬖爱于她，更重要的是，献公要借此重构晋国的同姓公族力量，让他们与异姓大夫相互制衡，共同服务于晋国的扩张战略。很可能是因为这个原因，司马迁在《晋世家》中径直将分封三公子说成是晋献公本人的主张，而不是骊姬的提议。

在三位公子当中，重耳与夷吾的地位大致等同于分封到耿的赵夙和分封到魏的毕万，区别仅在于两位公子是晋君的同姓大夫。但申生的身份与这些同姓或异姓的封君们都不一样，他可不是普通的封君，而是晋国的执政卿！

重耳

十六年（公元前661年），晋献公作二军。公将上军，太子申生将下军。

——《史记·晋世家》

按照春秋时代的政治惯例，享有执政权的大夫——也就是卿，才能统帅国家的军队。在晋献公之前，公元前685年齐桓公任用管仲改革，整编全国军队为三个师，分别由齐桓公本人与齐国上卿国子、高子领导，连下卿管仲都无权掌兵。在晋献公之后，公元前633年，晋文公作三军，三军将佐也就自然而然地成为晋国的执政六卿。所以听到了晋献公作二军，命申生为下军主帅的消息之后，晋国大夫士蒍说：

"太子不得立矣。分之都城而位以卿，先为之极，又安得立？"

——《史记·晋世家》

士蒍的话恐怕只说对了一半。申生被命以执政卿的身份统帅下军，从宗法制度上看他是失去了继承君位的资格，但我们不要忘记，此时留守国都准备嗣位的公子奚齐才是一个五岁的孩子，而他的兄长申生不但控制着国都绛邑之外晋国最大的城市曲沃，而且掌握着晋国一半的军事力量。别说此时晋献公还没有正式废黜申生的太子名分，将它授予奚齐，就算给了奚齐，申生照样还是除了献公之外晋国政坛无与匹敌的二号人物。想当初，齐桓公若没有高子、国子为内主，他能登上齐国的君位吗？既然高、国二卿都能左右国君的废立，申生难道就不能吗？再说，曲沃桓叔、曲沃庄伯和晋武公的牌位可还供奉在申生的封邑曲沃呢。正是他们以小宗的身份吞并大宗，才有了晋献公如今的执政局面。献公若有不讳，就算奚齐以大宗的身份继承了君位，谁能担保申生不会让曲沃吞晋的历史重演呢？

对于申生可能的尾大不掉，晋献公不是没有担忧，甚至他也采取了一定的防范措施。献公既任命申生统帅下军，却又违反当时各国的建军通例，规定下军必须隶属于国君领导的上军，不得拥有独立的建制体系。在申生出征的时候，献公还特意贬损他的服饰仪仗。戎衣以纯色为贵，献公就给申生穿上杂色的偏衣；兵符以玉制为上，献公就授申生以金玦。献公一厢情愿地期待着通过这一系列的渐进式安排，申生会平静地接受被废黜的命运，安心地辅佐他，将来也能成为新君奚齐的左膀右臂。但当局者迷，旁观者清，当年清洗桓、庄之族的谋主士蒍一眼就看出了这种政治结构的脆弱性：

"狐裘蒙茸，一国三公，吾谁适从！"

——《史记·晋世家》

在士蒍看来，不但执政卿申生，甚至大夫重耳和夷吾也同样会对少主奚齐构成致命的威胁。一旦晋献公撒手人寰，三位公子谁都能做兴兵"靖难"的燕王朱棣！这样的威胁士蒍看出来了，时刻关注着奚齐的骊姬也看出来了。申生每打一次胜仗，他的威望就会再上一个台阶，骊姬对他的畏忌也就更添一层。到公元前658年，晋献公向骊姬明确了自己的态度——将正式废黜申生，改立奚齐为太子，骊姬的第一反应是害怕：

> 献公私谓骊姬曰："吾欲废太子，以奚齐代之。"骊姬泣曰："太子之立，诸侯皆已知之。而数将兵，百姓附之。奈何以贱妾之故，废適（嫡）立庶？君必行之，妾自杀也！"
>
> ——《史记·晋世家》

晋献公将正式颁布废立太子的旨意，意味着骊姬母子与申生摊牌的时刻越来越近了。为了剪除申生的威胁，骊姬必须先下手为强。于是乎她炮制了太子投毒案，诬蔑申生妄图杀害晋献公，并称两位公子重耳、夷吾都是从犯。

《国语》说，骊姬强入申生于罪的阴谋事先得到了晋献公的首肯，我认为这个记载失实的可能极大。因为骊姬的行动事实上破坏了晋献公此前这么多年为重构同姓公族、建立晋国权力新格局所做的一切努力。申生自裁，重耳、夷吾出逃，晋献公失望至极。他驱逐了其余的儿子们，并在宗庙立誓，从今往后，晋国不得收留同姓公子。《国语·晋语二》说：

> 始为令，国无公族焉。

当年清洗桓、庄之族，已经极大削弱了晋国的同姓公族，导致晋献公不得不引入异姓大夫的势力来支撑晋国的发展。现在申生受难,群公子被逐,晋国同姓公族再次遭到重创。从今往后,晋国的同姓公族将不可能再补充新的力量,一旦旧有的公族势力没落,晋君只得被迫将更多的权力交付到异姓卿族的手中,这便埋下了日后六卿专权、三家分晋的祸根。

当初晋献公立骊姬为夫人的时候,大夫卜偃曾经预言:

"吾观君夫人也,若为乱,其犹隶农也。虽获沃田而勤易之,将不克飨,为人而已。"

——《国语·晋语一》

枉费心机助儿子夺嫡的骊姬就像那辛苦耕耘的农奴一样,别看她一把心血一把汗,到头来收割成果的可能另有其人。卜偃的预言最终应验了。骊姬虽然成功地逼死了申生,逼走了重耳、夷吾,但歹毒的手段为她蓄怨太多。终于,在晋献公晏驾之后,骊姬与奚齐也死在了中大夫里克发动的政变之中。现在国君的位置又空了出来,逃亡在外的重耳与夷吾,即将就国君之位展开一场旷日持久的争夺战。

肆

公元前651年。九月,晋献公薨逝。随即,中大夫里克发动政变,诛杀骊姬与奚齐,晋国的各方势力由此迅速展开了新一轮的君位角逐。这一回合的角逐复杂到什么程度?甚至连《史记》

的作者司马迁对其中的许多细节都不甚了了。关于这件事，司马迁写道：

> （献公）于是遂属奚齐于荀息。荀息为相，主国政。秋九月，献公卒。里克、邳郑（即丕郑）欲内重耳，以三公子之徒作乱，谓荀息曰："三怨将起，秦、晋辅之，子将何如？"荀息曰："吾不可负先君言。"
>
> 十月，里克杀奚齐于丧次，献公未葬也。荀息将死之，或曰"不如立奚齐弟悼子而傅之"，荀息立悼子而葬献公。十一月，里克弑悼子于朝，荀息死之。
>
> ——《史记·晋世家》

里克究竟依靠什么人发动了政变？司马迁说是"三公子之徒"，也就是故太子申生和两位公子重耳、夷吾的私属势力。这个结论的依据出自《国语》。《国语·晋语二》记载里克在政变之前同两位大夫荀息、丕郑紧急磋商，向他们二位询问了同样一个问题：

> "三公子之徒将杀孺子，子将何如？"

里克声称三位公子的属下对少主奚齐怨毒至深，誓要将当初骊姬迫害三公子的仇恨报复在奚齐身上。但从事件的后续发展看，三公子之徒并未参与政变，里克也没有那么大的政治能量，将三位公子的私属势力统统整合到他的手中。政变其实是里克联合晋献公的近卫军首领七舆大夫发动的。在政变前打出"三公子之徒"的旗号就是虚张声势，里克想借此讹诈荀息和丕郑，裹挟他们参与政变。但让里克始料不及的是，荀息和丕郑都没有走他画出的那条道儿。

身为晋献公钦点的顾命大臣，荀息面对里克的恫吓无所畏惧，表示将忠实执行晋献公的遗命，誓与少主奚齐共存亡。于是手握兵权的里克一刀抹了荀息的脖子，让他为奚齐殉了葬。荀息要做忠臣或许并不出乎里克的预料，但丕郑撺掇里克做"曹操"可着实吓他了一跳。丕郑说：

> "夫国士之所图，无不遂也。我为子行之。子帅七舆大夫以待我。我使狄以动之，援秦以摇之。立其薄者可以得重赂，厚者可使无入。国，谁之国也！"
>
> ——《国语·晋语二》

丕郑的意思是，政变后只有扶立一位弱势的晋君，他和里克才能攫取到最大的政治利益。照这样算来，公子重耳的背后有狄人的势力支持，而公子夷吾则可能与西邻秦国达成了某种政治默契，二位公子都太强势，必须将他们拒于国门之外。按照丕郑的计划，里克将联合七舆大夫以近卫军控制住国内的政局，而他则出使戎狄与秦国，争取通过外交谈判说服这两方势力放弃对重耳、夷吾的支持。解除二公子的威胁之后，再从献公九子中另择一位弱势公子立为国君。如此一来，"国者，谁之国也"——明面儿上还是姬姓当家的晋国，私下里就是里克和他丕郑说了算了。丕郑的野心太大，他就差没公开喊出"王侯将相，宁有种乎"的造反口号了。他的提议一经出口就遭到了里克的否决，原因不为别的：里克的实力撑不起这么大的政治野心。

就在里克与丕郑商量新君人选的同时，朝廷中另一派亲近公子夷吾的势力——大夫吕甥与郤称也迅速行动了起来。他们向夷吾传话说：

"子厚赂秦人以求入，吾主子。"

——《国语·晋语二》

此时的夷吾为躲避骊姬之祸逃到了梁国。来此之前，大夫郤芮指点夷吾：

"梁近于秦，秦亲吾君。吾君老矣，子往，骊姬惧，必援于秦。以吾存也，且必告悔，是吾免也。"

——《国语·晋语二》

梁国地近于秦，而此时主政秦国的秦穆公正是晋献公的女婿，故太子申生的妹夫。夷吾一旦逃亡梁国，摆出一副要与秦国联手的架势，骊姬势必生畏，不得不赦免夷吾以寻求秦国的谅解。果然，在夷吾抵达梁国的第二年，骊姬命奄楚给他送来了一只玉环——古时候的官场惯例，一个官员犯了事儿，待罪于边境，听候朝廷的处理决定。朝廷如果授他一只环，那意思便是"还"，罪已赦免，他可以回国都去了；如果授他一只玦，那便是

"决",君臣决裂,他将遭到无情的惩罚。骊姬送来玉环,赔了笑脸,说明夷吾可能已经成功地搭上了秦国这条线。

现在骊姬、奚齐已死,吕甥与郤称一面催促夷吾尽快争取秦国的明确支持,一面遍告朝臣:

"君死自立则不敢,久则恐诸侯之谋。径召君于外也,则民各有心,恐厚乱,盍请君于秦乎?"

——《国语·晋语二》

吕甥与郤称宣称,献公尸骨未寒,为臣者万不可有自立篡国之心。这话似乎就是针对丕郑的野心膨胀而提出的强硬警告。二位大夫建议作速确立新君,以免诸侯觊觎,乘虚而入。至于新君人选呢,吕、郤说这就要看既是强邻又是姻亲的秦穆公怎么表态了——眼下夷吾是晋国各派系中与秦国接触最早最频密的,他当然最有可能博得秦穆公的力挺。

夷吾内结吕、郤为谋主,外攀秦国为奥援,这对里克构成了巨大的压力。假设此时里克误信丕郑之计,做起"挟天子以令诸侯"的大梦,那他在朝中势必遭遇吕甥与郤称的激烈抵抗,而丕郑出使秦国恐怕也很难说服秦穆公放弃与夷吾的合作,转而支持里克篡权做贼。对里克和丕郑来说,此刻务实的态度不是去奢求主宰晋国,而是要设法保住自己在新朝的一席之地,因为夷吾的问鼎之势已是咄咄逼人,倘若他真在秦穆公与吕、郤二大夫的里应外合之下成功上位,那就意味着里克与丕郑在这一轮的权力重

·重　耳·

组中几乎无可避免地会被边缘化。要恋权固位，里克只剩下唯一的选择：主动拥立公子重耳返国继位。

可让里克意想不到的是，派去戎狄的使者传回消息，重耳婉拒了回国的邀请，表示不能胜任国君之重。寄人篱下与九五称尊哪一条路更诱人？答案一目了然。其实重耳甫一接到里克的邀请，他的选择也是后者。但当他兴奋地告诉舅父狐偃"里克欲纳我"的时候，狐偃却当头浇了他一瓢凉水。狐偃说：

> "夫坚树在始，始不固本，终必槁落。夫长国者，唯知哀乐喜怒之节，是以导民。不哀丧而求国，难；因乱以入，殆，以丧得国，则必乐丧，乐丧必哀生。因乱以入，则必喜乱，喜乱必怠德。是哀乐喜怒之节易也，何以导民？民不我导，谁长？"
>
> ——《国语·晋语二》

要成就一番伟大的事业，一定要在发轫之初夯实基础。只有根深蒂固，才能枝繁叶茂。那什么是事业的基础呢？《三国演义》里的刘备说过，"举大事者必以人为本"：广树恩德、争取民心就是基础，它要比跨州连郡、万马千军来得更为重要。所以陶谦让徐州与刘备，他推辞；诸葛亮劝刘备速取荆州，他又辞；庞统劝刘备突袭益州，他再辞。这个到了四十六岁高龄还上无片瓦、下无立锥之地的男人最终靠自己苦心经营的仁义之名、人和之势践祚九五，与曹、孙两家鼎足而立。

对眼下的重耳来说，里克给他准备的这张龙椅便是"益州"。对取益州这件事，刘备曾说：

"今与吾水火相敌者，曹操也。操以急，吾以宽；操以暴，吾以仁；操以谲，吾以忠：每与操相反，事乃可成。若以小利而失信义于天下，吾不忍也。"

——《三国演义·庞士元议取西蜀》

狐偃警告重耳，此时如果仓促返国，你很有可能就要失信于天下！虽然当初为了躲避骊姬的迫害，逃到夷狄之地是情非得已，但毕竟你因此背上了背叛君父、背叛祖国的罪名。虽然献公、骊姬已经相继离世，人身安全可以无忧，但叛国之罪并未洗刷干净。如果你重耳在这个时候顶着叛国者的骂名趁先君大丧之际返国夺权，满朝文武将会怎么看你？天下诸侯又会怎么看你呢？

于是乎，虽然心有不甘，重耳还是照着狐偃的意思推却了里克的邀请：

"子惠顾亡人重耳，父生不得供备洒扫之臣，死又不敢莅丧以重其罪，且辱大夫，敢辞。夫固国者，在亲众而善邻，在因民而顺之。苟众所利，邻国所立，大夫其从之。重耳不敢违。"

——《国语·晋语二》

这厢，重耳拒绝了里克，而在那厢，同样叛逃国外的夷吾可是迫不及待地要收拾行囊回国继位去了。因为他的谋主郤芮告诉他,天下事论势不论理,认钱不认人。为了说服里克、丕郑放弃重耳,转而支持自己,夷吾向他们许诺,倘若继承大统,将封赠里克汾阳之田百万,封赠丕郑负蔡之田七十万。里克、丕郑不过担心自己在新朝地位不保,现在夷吾既然主动释放善意,还附送大礼,二位大夫自然乐得顺水推舟。

里克、丕郑易于说服,但秦穆公就大不相同了。穆公之所以这么积极地掺和晋国的新君之选,目的是要为秦国东进中原的宏图远略扫清障碍,光靠钱是肯定砸不动他的。为了打动秦穆公,夷吾可是咬了牙,下了血本:他向秦穆公许诺,只要秦国发兵,助他回国登基,他就把黄河西岸的八座晋国城池全部割让给秦国。

河西八城的归属不但影响到秦国的东进战略,同时也事关秦国的国防安全,这是一笔秦穆公无法拒绝的交易。最终,正是河西八城这个价码换来了秦国的合作。在秦军的护卫下,夷吾回国即位,成为晋国的新君——晋惠公。

夷吾成功地登上了晋君的高位,但他真正的麻烦才刚刚开始:当初急功近利,不计后果地向里克、丕郑和秦穆公开出了三张大额支票,现在债主们纷纷上门要求兑现了,"资不抵债"的晋惠公夷吾该怎么应付呢?

伍

公子夷吾使出浑身解数，收买各方势力支持他返国即位，而远在白狄的公子重耳却始终沉默低调，无所作为。现在夷吾登基，成了晋惠公，似乎意味着他与重耳的这一轮君位之争已经尘埃落定，重耳只能无奈地吞下失败的苦果。但事实真是这样吗？我注意到，从晋惠公上台的公元前651年起，直到公元前644年，整整七年的时间里，重耳一直没有离开过白狄。当初逃亡来此，舅父狐偃曾说：

> "夫狄近晋而不通，愚陋而多怨，走之易达。不通可以窜恶，多怨可与共忧。今若休忧于狄，以观晋国，且以监诸侯之为，其无不成。"

——《国语·晋语二》

狐偃告诉重耳，白狄与晋为邻，两家又没有建立正式的外交关系，我们逃亡到此，不必担心晋国将我们引渡回去。更兼狄人同晋国屡次交恶，可能还会成为我们休戚与共的盟友。我们就在这里权且歇马，一面观察晋国政局的走势，一面监视列强的动向。日后返国登基，继承大统，这里便是你辉煌的起点。

重耳株守狄地的初衷是为了返国登基，而七年来他一直没有离开，这说明坚忍的重耳虽然在与夷吾的竞争中暂时落后，但他并未放弃回国执政的希望——此刻,新登基的晋惠公夷吾正面临着一个前所未有的巨大挑战,他必须仔细权衡:原先给秦穆公以及两位晋国大夫里克、丕郑做出的承诺要不要兑现,该怎么兑现?当初为了争取他们支持自己返国即位,晋惠公许诺向秦国割让河西八城,封赠里克汾阳之田百万、丕郑负蔡之田七十万。现在晋惠公成功上位,这三张支票眼看就该到期兑现了,但晋惠公却着实为此犯难,而首当其冲的就是秦国垂涎的河西八城。

当初夷吾之党、大夫吕甥向秦国卑辞求援的时候对秦穆公说:

> "君若惠顾社稷,不忘先君之好,辱收其逋迁裔胄而建立之,以主其祭祀,且镇抚其国家及其民人,虽四邻诸侯之闻之也,其谁不儆惧于君之威,而欣喜于君之德?终君之重爱,受君之重贶,而群臣受其大德,晋国其谁非君之群隶臣也?"
>
> ——《国语·晋语二》

"一旦公子夷吾拜贵国之赐得偿所愿,往后晋国的大臣就是您秦君的仆役。"这番话本身就带有重新定义秦、晋关系,使晋国委身为秦之陪臣的暗示。倘若现在如约向秦国交割河西八城,秦穆公受此鼓舞,野心必然更加膨胀。到那时他要问鼎中原,拿晋惠公当"儿皇帝"来使唤,高贵的周室宗亲晋国能忍得下这份屈辱,向周天子曾经的家奴嬴秦屈膝称臣吗?倘若不能,两国邦交最终还是要破裂，那割让河西八城等于便宜了敌人。可要是现在就一口回绝秦国呢，战争有可能会提前爆发。

河西八城的归属关系着秦、晋两国会否交兵，而汾阳和负蔡的近二百万赏田则关系着晋惠公的权威能否树立。里克、丕郑二位大夫自先君献公薨逝，便有挟制新君、专权固位的野心，当初是迫于秦国的高压和晋惠公的利诱，二人才勉强转变立场，答应支持惠公的。现在近卫军首领七舆大夫还是里克一党，他手里的兵权本来就嫌太重，倘若再封赠田产百万，有兵有粮的里克还能乖乖地听晋惠公的节制吗？再说了，里克、丕郑这样的非嫡系大臣都获得了这么多赏赐，那吕甥、郤称和郤芮这样为晋惠公立下汗马功劳，又巴望着鸡犬升天的嫡系亲信又该如何报答？晋国公室能有多少家底儿供这些权臣瓜分呢？

这么一算下来，当初开出去的三张空头支票是万万不能兑现了。但赖账你也得有个赖法儿，从哪家的账开始赖起呢？晋惠公的盘算是攘外必先安内。毕竟秦穆公还远在黄河的那一边，里克、丕郑可就坐在眼皮子底下啊。于是，晋惠公夷吾迅速颁布了上台后的第一道命令，命丕郑出使秦国，请求秦穆公准许晋国"缓赂"。

所谓"缓赂"，就是推迟履行向秦国交割河西八城的协议。让丕郑作为谈判代表前往秦国，晋惠公的这道人事任命透着蹊跷。因为根据《史记·晋世家》的记载，当初奉命与秦国谈判，约定一旦晋惠公在秦国支持下成功上位，就必须向秦国交割河西八城的专使是晋惠公的谋主郤芮。按照外交惯例，晋国若无法履行协议，此次前往秦国请求缓约的人也应该是郤芮。但晋惠公偏偏点了之前并未参与谈判的丕郑，令他出使。这不由得让人怀疑，晋惠公此举根本就不是真心要同秦国进行缓约谈判，他很可能布置了一个一石三鸟的阴谋。命丕郑出使，告诉秦穆公晋国将要"缓贿"，等于变相撕毁了与秦国的前述协议，此其一；倘若秦穆公因此恼羞成怒，把一腔子邪火撒在丕郑身上，甚至拧下了他的脑袋，那晋惠公借刀杀人的目的可就达到了，届时只需将丕郑风光大葬，同时声讨秦国的外交失范，丕郑与秦穆公手里的两张空头支票就算作废，此其二；丕郑出使在外，等于孤立了里克，这又为晋惠公创造了分而治之、各个击破的机会，此其三。如果这个一石三鸟的计策最终奏效，晋惠公可算是金蝉脱壳，把一屁股的债务都甩干净了。放眼古今，做老赖能做到这个水平的人，绝对是凤毛麟角！

果然，丕郑前脚踏出国门，后脚晋惠公便解除了里克对近卫军的指挥权。兵权一旦失去，里克就成了砧板上的鱼肉，注定要任人宰割了。到了这一年的四月，周襄王委派周公忌父会同齐、秦两大国的使者一起向晋惠公表示祝贺。感觉自己的地位已经得到了国际社会的承认，腰杆儿硬起来的晋惠公随即赐了里克宝剑一把，逼他自裁：

"微里子，寡人不得立。虽然，子亦杀二君、一大夫，为子君者不亦难乎？"里克对曰："不有所废，君何以兴？欲诛之，其无辞乎？乃言为此！臣闻命矣。"遂伏剑而死。

——《史记·晋世家》

晋惠公振振有词地声讨里克擅行废立、政变弑君，举起"正义"之剑要"制裁"他。里克对这位晋国新君的忘恩负义痛心疾首，临死前愤怒地争辩道：要不是我违抗先君献公的政治遗嘱，杀了骊姬的儿子奚齐和侄子卓子这二位少主子，能轮到你坐这个位置吗？杀人不过头点地，没道理往我这个将死之人的脸上泼脏水！

里克伏剑而亡，晋惠公的一石三鸟之计算是实现了第一步。望着血溅五步的里克，晋惠公会否为自己的出尔反尔、背信弃义感到一丝内疚呢？回想当初，是郤芮教唆晋惠公到处开空头支票进行"贿选"的：

"子盍尽国以赂外内，无爱虚以求入，既入而后图聚。"

——《国语·晋语二》

郤芮说，我们现在就是要花钱"买票"，只要人家愿意支持我们，开什么价码你都先应下来。等你回国即了位，统治着偌大个晋国，还怕翻不回本儿吗？晋惠公是郤芮的好学生，但郤芮也没想到，他教出来的这个好学生居然能反过来咬他一口，把杀死里克的责任推到他郤芮的头上：

· 重耳·

> 惠公既杀里克而悔之,曰:"(郤)芮也,使寡人过杀我社稷之镇!"
>
> ——《国语·晋语三》

里克人头落地,晋惠公惺惺作态地挤出一丝悔意,还把亲信郤芮推到前头当挡箭牌,这似乎表明他此时承受了不小的舆论压力。可能是出于这个原因,晋惠公没有继续扩大打击面,没能将里克的旧部七舆大夫一网打尽。而正是这一点纰漏,让他的一石三鸟计划最终落了空。

里克自裁后,消息很快传入秦国。狡猾的丕郑这时候也一定看穿了晋惠公借刀杀人的毒计。为了避免成为秦穆公的刀下鬼,丕郑孤注一掷,向秦穆公提出了一个极端冒险的计划:

> 邳郑使秦,闻里克诛,乃说秦缪公(穆公)曰:"吕省、郤称、冀芮(即郤芮)实为不从。若重赂与谋,出晋君,入重耳,事必就。"秦缪公许之。
>
> ——《史记·晋世家》

丕郑说,在诛杀里克这件事上,晋惠公与他的三位核心幕僚吕甥、郤称和郤芮发生了意见分歧。参照前文中所引《国语》的记载,这可能是指晋惠公把杀死里克的责任推卸给郤芮,引发了他们之间的矛盾。丕郑打算利用这个矛盾,以重利诱使郤芮等人反水,与秦国同谋驱逐惠公,立公子重耳取而代之。但是,万一郤芮等人拒绝合作呢?

(丕郑)乃谓穆公曰:"君厚问以召吕甥、郤称、冀芮而止之,以师奉公子重耳,臣之属内作,晋君必出。"

——《国语·晋语三》

一旦郤芮等人被诱至秦国后拒绝合作,那就地将他们监禁起来,孤立晋惠公。然后兵分两路,秦国负责武装护卫重耳返国,丕郑则潜回国内,联络旧部七舆大夫,与秦国里应外合,驱逐晋惠公。在七舆大夫之一共华的接应下,丕郑回到了晋国。可当随行的秦国使臣以厚币甘言招郤芮等三人入秦的时候,郤芮意识到自己一定是遭到了丕郑的出卖,于是敦请晋惠公即刻清洗里、丕党徒。这一次,除了丕郑的儿子丕豹侥幸逃脱,去往秦国之外,丕郑和七舆大夫共华、贾华等人悉数被诛。三张空头支票引发的持续动荡最终以晋国朝野的大屠杀宣告结束。

丕豹逃往秦国后,曾试图游说秦穆公为亡父报仇。他对穆公说,晋君背信弃义,大开杀戒,已经让他失去人心。我父丕郑与里克的党徒遍布晋国,如果您此时发兵伐晋,晋君一定会倒台!秦穆公何等老辣,他看得真真儿的:里克、丕郑一党遭此重创,已然星散,哪里还能占据晋国的半壁江山?秦国纵然一时拿不下河西八城,也绝不能给人家当枪使。君子报仇,十年不晚。丕豹这颗棋子将来或许还有用,暂且留下。至于报复晋惠公,机会需要耐心地等待。

丕豹逃走了。在晋都绛邑,惠公端坐于朝堂之上。一方整洁的红毯自他的御座前一直铺向宫殿的门口。那猩红色的地毯似乎散发出阵阵腥臭,让惠公嗓子发痒,想吐。空荡荡的朝堂里,那些烛照不到的黑暗的角落,仿佛还有丕郑等人的惨叫在回响,在游荡。惠公从前可能做梦也不会想到,三张空头支票所换来的,不仅是一把冰凉的御座,更是一场血腥的屠杀。虽然,晋惠公以霹雳手段清洗了里克、丕郑等反对派领袖,但他的政治信誉也因此破了产。这不,就在丕郑等人死后不久,绛邑的大街小巷渐渐地传开了这样一首民谣:

佞之见佞,果丧其田。

诈之见诈,果丧其赂。

得国而狃,终逢其咎。

——《国语·晋语三》

国人的眼睛是雪亮的。大家私下传说,晋惠公这个靠空头支票"买"来的君位,将来一定会落入他人之手。国人的谤言甚嚣尘上,晋惠公不能假装听不见。但他还奢望着逆取顺守,设法重塑自己的政治形象:

晋君改葬恭太子申生。

——《史记·晋世家》

晋惠公夷吾为何选在此时大兴土木,重新安葬已故太子——那个被骊姬迫害致死的申生呢?《国语》记载,当初骊姬要对申生下杀手的时候曾说，她最大的顾忌便是里克。而晋献公流露出废黜申生的想法时，丕郑也曾经慷慨激昂地表示一定会拼死捍卫太子的名位。这说明二位大夫与故太子申生关系亲密。如今惠公背信弃义，诛杀里克、丕郑，申生的旧部对他印象恶劣。要知道，申生在世的时候曾经执掌下军五年之久，故吏亲随在在皆有。此时双手已经沾满鲜血的晋惠公不能再得罪人了，更何况是势力盘根错节的太子党！他必须想办法，在太子党面前把自己沾满里克、丕郑鲜血的那双手擦干净。于是乎，晋惠公才费尽心机地鼓捣了一出改葬申生的闹剧。

但很明显，面对晋惠公释放的"善意"，太子党并不买账。因为就在申生改葬的当年秋天，大夫狐突出行的时候遇上了这样一桩装神弄鬼的怪事。

在前往曲沃的途中，有人假扮申生的亡灵向狐突喊话："夷吾无礼。我已经请示过上帝，要将晋国江山送与秦国。秦人将会世代供奉我，长享香火。"听罢此言，狐突劝阻道："臣听说神明只能享受自家宗亲的供奉，真要将晋国送与秦人，我怕您的香火会断绝吧？还请三思而后行。"

"好吧，我将再次请示上帝。十天之后，我会附体在曲沃城西的一个巫师身上，届时你来找我。"

"诺。"

十天之后，狐突如约而至。巫师告诉他："上帝已经允许我讨伐有罪之人了，他将败于韩地。"巫师话音未落，狐突身后转出个孩子来，唱起了一支儿歌：

"恭太子（即申生）更葬矣，后十四年，晋亦不昌，昌乃在兄。"

——《史记·晋世家》

为什么这个神秘人要假扮申生的亡灵向狐突喊话呢？因为只有狐突才具有左右逢源的特殊身份。狐突曾经是申生统帅下军时的旧部，公元前660年申生率下军进攻东山，狐突曾经为他御戎（驾车）。战争结束后，眼看骊姬对太子申生的迫害越来越甚，狐突为了避祸，杜门不出。狐突虽然退隐，却不代表他能在晋国此后的权力斗争中置身事外——他的少子狐偃和外孙重耳此刻还在白狄焦急地等待着回国的机会呢！

这一次狐突为何来到曲沃，史书上并无记载。但曲沃是申生的封邑，是太子党经营多年的老巢。那个假扮亡灵的神秘人多半是申生的故吏，他千方百计地暗示狐突"昌乃在兄"——晋国未来的昌盛，就寄托在惠公夷吾的兄长重耳的身上了。这是太子党要借狐突的口向他的外孙重耳传话，告诉他太子党愿意与他联手应对来自晋惠公的打压。故太子申生的旧部竟然要跟境外的重耳势力合流，这让大费周章为申生操办葬礼的晋惠公偷鸡不成蚀把米，但更糟糕的是，对这些事儿，晋惠公很可能还蒙在鼓里。

身居庙堂之上的晋惠公理会不得江湖上的这许多暗流涌动。

清洗里、丕党徒之后，他的目光便转向了西方，望向了那个被他毁约的秦国。神秘人告诉狐突，申生要将晋国江山拱手送与秦人。死去的申生自然威胁不了晋惠公，但对申生的胞姊、秦穆公的正室夫人秦穆姬，晋惠公可就没这么有把握了。

> 晋侯之入也，秦穆姬属贾君焉，且曰"尽纳群公子"。晋侯烝于贾君，又不纳群公子，是以穆姬怨之。
>
> ——《左传·僖公十五年》

当初秦穆公襄助晋惠公返国的时候，秦穆姬曾经郑重其事地将先君献公的前妻、自己的嫡母贾君托付给惠公，请他务必好生照顾。同时关照惠公，要把因骊姬之难四散奔逃的几个手足兄弟，包括重耳都接回来，好好安顿在晋国。惠公满口答应，但一回国就变了脸。他学起了先君献公烝齐姜的故事，同贾君淫乱，还拒绝接纳几位公子返国，怕他们威胁自己的地位。这让秦穆姬大为不满。而此时，穆姬的枕边人秦穆公又为了晋国赖他河西八城的事儿恨得牙根儿痒痒。在秦君夫妇的眼里，晋惠公夷吾就是个地地道道的政治流氓。

秦穆公与晋惠公之间关于河西八城的这段恩怨终须有个了结，而这个契机发生在三年之后。公元前647年，也就是晋惠公夷吾即位的第四年，晋国粮食歉收，闹了饥荒。惠公赈灾乏术，只好觍着脸来求秦穆公，希望能从秦国进口一批粮食以解燃眉之急。收到晋国的请求，秦穆公于御前集议。和晋惠公夷吾有杀父之仇的丕豹第一个站出来反对。他建议趁此机会发兵攻晋，一家伙把夷吾从君位上掀下来！但秦穆公的谋主、五羖大夫百里奚不同意："粮荒不过寻常之灾，谁家没有？就捏着这点儿事儿，你当拿住了人家多大个短儿呢？别到时候便宜没捡着，反把我大秦国救灾恤邻的风度给丢了！"百里奚和丕豹争执了起来。看着激辩不休的两个人，秦穆公面无表情。他转过脸来望了一眼沉默不语的公孙枝，问道："这粮，咱们卖吗？"公孙枝说：

"君有施于晋君，晋君无施于其众。今旱而听于君，其天道也。君若弗予，而天予之。苟众不说，其君之不报也则有辞矣。不若予之，以说其众。众说，必咎于其君。其君不听，然后诛焉。虽欲御我，谁与？"

——《国语·晋语三》

人狠话不多的公孙枝仅用上面这短短的七十四个字就说服了秦穆公。他一针见血地指出了卖粮与否的关键：秦国从前有恩于晋君，他反过来赖了秦国八座城，理儿让咱们占着呢，这是晋国妇孺皆知的事情。但现在晋国闹饥荒，咱们要是不卖粮，晋君肯定会大肆抹黑秦国，控诉咱们不恤百姓，见死不救。一旦让他激起晋国上下对秦的仇恨，那他不就把对秦国忘恩负义的黑历史洗白了吗？不能给他这个机会，卖！就这样，秦国的粮车动员了起来，络绎不绝的运粮队伍从国都雍城蜿蜒伸向黄河东岸的晋都绛邑。

百里奚说"天灾流行，国家代有"，这话还真没错。刚转过年来，就轮到秦国闹饥荒了。既然邻里间有守望相助之义，去年秦国又曾经接济过晋国，这一回秦穆公理所当然地要求从晋国进口粮食了。从道义上说晋国应该投桃报李，故而大夫庆郑劝说晋惠公接受秦国的请求。但晋惠公不仅一口否决，还要落井下石，趁秦国艰难之际出兵攻秦。这种卑鄙的行径直接引发了秦、晋两国的大规模战争。秦穆公和晋惠公终于要在战场上正面交手了，而交手的地点呢？正是狐突从巫师口中所听到的——韩原！

就在秦、晋韩原合战的时候，公孙枝前一年用那一车车粮食射向晋国的攻心弹终于引爆了。晋惠公的倒行逆施、忘恩负义让他麾下的晋军将士人心涣散。战斗进行到最激烈的时候，晋惠公的戎车陷在泥淖里动弹不得，他高声向大夫庆郑呼救："快来载我！"孰料庆郑只顾撤退，一边跑还一边扭头讽刺晋惠公说：

> "忘善而背德，又废吉卜，何我之载？郑之车不足以辱君避也！"
>
> ——《国语·晋语三》

庆郑就这么见死不救，眼睁睁地看着晋惠公让秦军给俘虏了去。庆郑是晋惠公的忠臣，他深知此战晋国背负着道义上的骂名，因此极力阻止晋惠公与秦国开衅，但惠公不听；开战前庆郑提醒惠公备战的疏漏，惠公又不听。屡次拒谏导致的君臣嫌隙，最终让庆郑在关键时刻抛弃了晋惠公。忠臣尚且如此，那不忠之人呢？

晋惠公被俘后，秦穆公接受了晋军大夫们的投降。《左传》记录的受降仪式中，有这样一个细节值得注意：

> 秦获晋侯以归。晋大夫反首拔舍从之。秦伯使辞焉，曰："二三子何其戚也！寡人之从君而西也，亦晋之妖梦是践，岂敢以至？"

——《左传·僖公十五年》

当晋军大夫们披头散发，拔起帐篷准备跟随晋惠公去往秦国做战俘的时候，秦穆公差人传话，请他们先回国去，并说道："你们不必忧虑，我把晋君带去秦国，不过是实践了申生的预言而已。放心，我不会做得太过分。"巫师在曲沃城西的偏僻之地，假冒申生向狐突交代的那句"晋败于韩"，秦穆公坐在几百里外的雍城是怎么知道的呢？除非有人故意放消息给他。这不得不让人产生揣测：晋惠公这一次的韩原战败，就是让秦穆公和故太子申生遗留在晋国下军中的旧部联手做局给装进去的。

曲沃巫师"战败于韩"的预言已经应验，"昌乃在兄"的谶语接下来能兑现吗？

按照太子党之前的设想，秦国在韩原击败晋国之后，应该杀了晋惠公，然后请回公子重耳主持晋国大局。但秦穆公的理智告诉他，事情远没有这么简单。虽然现在晋惠公做了秦国的俘虏，但也不能任由他秦穆公想杀便杀，想剐便剐。有这么三个因素始终困扰着秦穆公的决策。

首先，虽然晋惠公夷吾这个兄弟实在是不成器，但秦穆姬毕竟和他有手足之情、血脉之亲。出嫁的女儿总是护着娘家人的。听说晋惠公被掳回了秦国，秦穆姬给自己的三个孩子——太子罃、公子弘以及公主简璧套上丧服，抱着他们站上高台柴堆，那意思就是告诉秦穆公：你要不放过我弟弟，我可就要带着你儿子女儿自焚了！秦穆公不顾惜小舅子，还不心疼儿子吗？太子可是一国之本哪！这是第一桩让穆公头疼的事儿。

其次，公元前651年晋惠公返国即位的时候：

> 齐桓公闻晋内乱，亦率诸侯如晋。秦兵与夷吾亦至晋。齐乃使隰朋会秦，俱入夷吾，立为晋君，是为惠公。齐桓公至晋之高梁而还归。

——《史记·晋世家》

长期担任诸侯盟主的齐桓公在那个时候就已经把晋国纳入了自己称霸天下的战略考虑，所以才会在秦穆公助夷吾返国之时急急忙忙率领诸侯联军入晋，阻止秦穆公独占扶立晋国新君的功劳。最终，晋惠公是在齐、秦两国的共同支持下登上君位的。现在秦穆公不打招呼就要杀死或废黜晋惠公的话，会不会引来齐国的外交干涉？十年前齐桓公率领诸侯联军讨伐楚成王，迫使楚国在召陵低头认错的故事会不会在秦穆公的身上重演？关于这一点，穆公不得不仔细掂量。

最后，秦穆公现在是扣下了晋惠公这张王牌，但这张王牌对晋国的重要性却在迅速下降。从晋惠公战败被俘的那一天起，晋国方面就在为可能到来的最坏结果做着紧锣密鼓的准备。大夫吕甥假借晋惠公的名义向国人下罪己诏，表示惠公愿意为战败承担责任，请求国人同意让太子子圉即刻登基，成为新君，以此激起晋国朝野同赴国难的爱国热情。同时，吕甥汲取了惠公此前杀死里克、丕郑导致人心涣散的教训，在没有得到晋惠公同意的情况下紧急宣布要"作爰田"。所谓"作爰田"，就是将晋国采邑内原属于助耕性质的公室田亩赏赐给世袭封君们。这一来，大批贵族领到的可就不是空头支票，而是实打实的田产，他们对晋惠公的评价迅速向积极的方面转变。"作爰田"是吕甥和晋国封君们谈判的一枚筹码，他要用这枚筹码去换取封君们支持他"作州兵"。因为韩原一战，晋军丧师辱国，兵甲殆尽。为了扩充兵员，扭转对秦军事劣势，晋国必须将征兵范围由国都拓展到州野的公邑和采邑。要征用封君们控制的人力，得先赐给他们土地。"作州兵"之后，晋国的地方兵团纷纷建立，在短时间内迅速强健了被秦摧残的国防力量。现在惠公若被杀害，新君子圉厉兵秣马，整军复仇，未必不能战胜秦国。

就这些问题与大臣们反复研讨之后，秦穆公的思路清晰起来：在没有能力吞并晋国的前提下，维持一个亲秦的晋国政权才是秦国能争取到的最大利益。因此，秦穆公最终决定捐弃前嫌，释放晋惠公夷吾回国。当然这是有条件的：晋国不但要如约交割河西八城，还得把太子子圉送来秦国做人质。

韩原之战吃了这么大的亏，死里逃生的晋惠公终于开始知耻而后勇，一改从前国内国外两面树敌的错误政策，在以巨大的代价修好秦、晋邦交的同时，又积极整顿内政，凝聚人心。最关键的是，"作州兵"这一新政的颁布重组了军队的权力结构，建立起了晋惠公对军队的绝对领导。从此，在晋惠公和群臣的努力下，晋国原先风雨飘摇的局势逐渐安定了下来。

晋惠公坐稳了君位，意味着命运对远在戎狄的重耳关闭了回归的大门。

公元前644年，为了解除卧榻之畔的隐患，晋惠公派人前往狄地刺杀重耳。收到风声的重耳意识到，是时候离开了。他向追随自己多年的五大臣说："十二年了，我们在这里歇息得太久。听说齐桓公招贤纳士，礼敬诸侯，志在图霸。现在贤臣管仲、隰朋相继谢世，齐国正当用人之际。我们去齐国吧，倘若能成为像管仲那样的一代名臣，也算不枉此生。"

于是，重耳带着五大臣踏上了东去齐国的征程。"宛洛望不见，秋霖晦平陆"（王维《宿郑州》），脚下的道路蜿蜒伸向东方的地平线，隐没在晦暗的彤云之中。寒风吹乱了他的银发，密雨沾湿了他的心境。这一年，重耳五十五岁。

·重耳·

陆

如果有这么一件事情,它让你苦心孤诣地为之奋斗了一纪,可十二年的光阴耗去,你却发现自己兜兜转转,又被命运打回原点,那你会作何感想呢?

这就是公子重耳眼下的遭遇。公元前655年"申生投毒案"爆发,遭遇诬陷的重耳为了躲避骊姬的迫害,流亡国外。他和随行的大臣们自封邑蒲城沿黄河逶迤南下,来到位于今河南灵宝的柏谷。从此一路东去,前途便是齐国,而往南呢,则将投奔楚国。站在十字路口举棋不定的重耳想卜一卦,告问上苍,看看自己的未来究竟在哪里。但舅父狐偃拦住了他:"不要好高骛远。齐、楚都是去不得的,咱们还是务实一点,北上白狄吧。"

听从了狐偃的建议,重耳一行人到白狄歇马,等待返国的时机。可这一等,就是十二年。十二年里,重耳不但在与公子夷吾的君位竞争中全面落败,甚至迫于夷吾的高压,不得不逃离白狄,又一次做起了东去齐国的打算。这不禁让人怀疑:当年放弃齐国,转而投奔白狄,狐偃的建议是不是错了呢?十二年前,狐偃对重耳说:

"夫齐、楚道远而望大,不可以困往。道远难通,望大难走,困往多悔。困且多悔,不可以走望。若以偃之虑,其狄乎！……"

——《国语·晋语二》

在狐偃的观察中，有两个关键因素决定了他和重耳一行人不能投奔齐、楚两大国。首先，齐桓公治下的齐国和楚成王治下的楚国都是天下数一数二的超级大国。两国的战略目标都是建立霸权，主导中原政治。除非对他们实现这一目标有所帮助，否则两大国不会敞开怀抱，收容重耳这样一个落魄的流亡公子，是为"望大难走"。其次，和白狄紧邻晋国不同，齐、楚距离遥远，不但此去跋涉为难，指望他们出兵襄助重耳返国，只怕也是鞭长莫及，是为"道远难通"。

仔细分析狐偃的两条理由，它们其实指向了一个共同的判断，那就是狐偃认为晋国此时还不在中原争霸的核心区域当中。它太过边缘化了，所以齐、楚两国不会向这里投送自己的战略力量，重耳也就指望不上这两个国家的帮助。但从国际列强对晋国政治的后续影响看，狐偃的上述判断，尤其是对齐国的战略关切的判断，显然存在着一定的偏差。最有力的证据是公元前651年公子夷吾返国即位之时，齐桓公居然不请自来，率领诸侯联军入晋相助了。

根据《左传》《国语》和《史记》的相关记载，作为重耳的竞争对手，公子夷吾不但从未请求过齐桓公助他登基，甚至他以往都没有与齐国进行过任何形式的正面接触。那为什么在秦穆公助夷吾返国之时，齐桓公会主动出手，亲率诸侯联军入晋呢？唯一合理的解释是，此时晋国的权力更迭已经刺激到了齐桓公最重要的战略关切。

晋惠公夷吾即位的五年前（公元前656年），齐桓公刚刚在召陵之盟上压服了野心勃勃的楚成王，遏阻了楚国北进中原的争霸之势。可摁下葫芦又浮起了瓢，秦国此时对晋国政局的介入让齐桓公担忧，秦穆公会成为继楚成王之后，第二个挑战齐国霸权的诸侯。晋惠公夷吾同秦穆公达成的政治交易中约定，一旦秦国助夷吾登基，晋国将割让河西八城与秦国，并承认秦国在国际事务中的领导地位。假如这个协议真的履行，秦国将通过接收河西八城控制蒲津渡与桃林塞，彻底打开东进中原、问鼎洛邑的通道，同时秦、晋两个地区性大国的联盟也将对齐国主导的国际秩序构成严峻挑战。因此，即便齐国并未收到邀请，这个不速之客也必须要介入晋国的政权更迭。齐桓公不能放任这个国家全面倒向秦国，进而威胁到自己的霸主地位。

重耳之所以在君位之争中处处被动，始终落后于夷吾，主要原因是重耳的外援白狄对晋国政治的影响力远不如夷吾的同盟秦国来得强。但秦穆公插手晋国内政的行为让齐桓公如此忌惮，这很难不让人产生这样的假想：假设当初重耳奔齐，利用齐桓公对秦国的畏忌以与夷吾作君位之争，历史的结局会不会不同呢？在又一次决定奔赴齐国之前，狐偃和重耳也在反思自己曾经的选

择,而他们现在的想法跟当年比较起来,已经有了明显的转变。狐偃说:

> "曰,吾来此也,非以狄为荣,可以成事也。吾曰:'奔而易达,困而有资,休以择利,可以戾也。'今戾久矣,戾久将底。底著滞淫,谁能兴之?盍速行乎!吾不适齐、楚,避其远也。蓄力一纪,可以远矣。齐侯长矣,而欲亲晋。管仲殁矣,多谗在侧。谋而无正,衷而思始。夫必追择前言,求善以终。履迹逐远,远人入服,不为邮矣。会其季年可也,兹可以亲。"

——《国语·晋语四》

这时的狐偃,已经不再视白狄为可以成大事的盟友,而"齐侯亲晋"的判断更是对"望大难奔"的直接打脸。至于他的外甥重耳,悔意就表现得更强烈了:

> "始吾奔狄,非以为可用兴。以近,易通,故且休足。休足久矣,固愿徙之大国。夫齐桓公好善,志在霸王,收恤诸侯。"

——《史记·晋世家》

"志在霸王,收恤诸侯"说明此时的重耳终于看懂了齐桓公的称霸意图是可以被利用来帮助自己返国执政的,而"固愿徙之大国"——"我老早以前就是想去齐国的",这几乎就是赤裸裸地埋怨狐偃当初的奔狄建议了。

舅、甥二人不约而同地吃了后悔药:"白狄靠不住。假设当年我们去了齐国的话……"不!历史不容许假设。我们只能分析:为什么公元前655年的那一次出亡,重耳和他的随行大臣竟然没有一人对狐偃奔狄的建议提出质疑呢?

如果我们回顾一下晋国崛起的历史,就会发现,虽然自晋献公执政以来,晋国开疆拓土,国力日强,已经成为足以匹敌齐、楚、秦三国的并世四巨头之一,但晋国执政高层的战略思维和外交水平却没能跟上晋国的国力增长速度。在晋献公生命的最后一年,也就是公元前651年,献公以抱病之躯奔赴葵丘,参加齐桓公举行的诸侯会盟,道遇周公忌父。周公忌父向他分析了齐国霸政的诸多失误,并建议他不必强忍病痛,千里赴会,这对晋国没有意义。晋献公听从了周公忌父的建议,中途折返。望着晋献公的背影,周公忌父感叹道:

"今晋侯不量齐德之丰否,不度诸侯之势,释其闭修,而轻于行道,失其心矣。"

——《国语·晋语二》

晋献公既不能洞悉齐桓公建立霸权的本质手段与其中缺陷,又不能正确分析晋国所处的国际形势。他本应该更专注于国内政治,却转而经营外务,汲汲于参与会盟。对晋献公这一系列举措的失当,周公忌父显然是失望的。晋献公的失误固然情有可原——要知道，在晋献公近三十年的执政履历中写满了对周边小邦以及化外戎狄的征服历史，却鲜有与并世大国进行正面博弈的记录——但是，连晋国政坛最杰出的领导人晋献公对齐桓公的内政外交都看不准，摸不透，又怎能奢望毫无执政经验的公子重耳和他的属僚们在仓皇逃亡之际对齐国可能的帮助做出正确的预判呢？从这个意义上说，公子重耳这一次奔齐，虽然是他生命中一段痛苦的遭际，但对有志称霸的晋国却至关重要。如果没有这一趟出国"深造"的履历，没有战略思维的成熟和战略视野的开拓，重耳君臣今后能否担起与秦穆公、楚成王争夺春秋霸权的历史重任，将是一个大大的未知数。要知道，这两国元首的争霸思维已经走在了晋国的前面，尤其是楚成王，更是眼下唯一能在战略素养上匹敌齐桓公的大国领袖。

天将降大任于斯人也，必先苦其心志，劳其筋骨，饿其体肤，空乏其身。对自己今后将要担负的历史责任，踏上逃亡之路的重耳可不像旁观历史的我们这么清楚。逃亡在他的心里留下的，更多的是耻辱与愤怒。

> 过五鹿，乞食于野人。野人举块以与之，公子怒，将鞭之。子犯曰："天赐也。民以土服，又何求焉！天事必象，十有二年，必获此土。二三子志之。岁在寿星及鹑尾，其有此土乎！天以命矣，复于寿星，必获诸侯。天之道也，由是始之。有此，其以戊申乎！所以申土也。"再拜稽首，

重耳

受而载之。

——《国语·晋语四》

重耳君臣跌跌撞撞，一路东行。走到黄河东岸的五鹿，已是饥寒交迫，只得屈尊向在乡野劳作的奴隶乞食。可是这个比自由民更卑贱的奴隶却不屑地扔给高贵的王孙公子一块泥巴！虎落平阳被犬欺，难道这就是对重耳当年放弃奔齐的惩罚吗？我猜想当重耳压抑不住内心的屈辱，扬起马鞭要抽那个奴隶的时候，随行的属僚们也难免生出凄凉的末路之感。在这当口，得有个机灵人站出来化解这份悲凉，振奋众人的士气！而这一次，站出来的又是狐偃。他对重耳说，土者，土地之象也。这是苍天垂示，命公子你统治下土的征兆，还不赶紧拜受?！于是，重耳不得不当着众人的面做戏，以最隆重的礼节，把这块黄土包裹着的耻辱搬上自己的马车，挥泪加鞭，奔向齐国。

最初来到齐国，一切都让重耳很满意：齐桓公为他举行了隆重的欢迎仪式，将身份尊贵的宗室女儿嫁与他为妻，还慷慨地赏赐他二十乘马车。回想五鹿的落魄，现在重耳在齐国的生活可算是衣食无忧了。但命运此时又一次捉弄了重耳。他没有想到，齐国所能给予他的也就仅限于这"衣食无忧"了。就在重耳来到齐国的第二年（公元前 643 年），春秋首霸齐桓公黯然离世。桓公死后，齐国随即陷入诸子夺嫡的乱局，国力急剧萎缩，不仅丧失了协助重耳返国的能力，甚至连自保都成问题。新上台的齐孝公,本人还得仰仗宋襄公的兵威才能勉强坐稳国君的位置呢。

或许齐国霸业的突然中衰真的让重耳心灰意冷,或许他不愿再度踏上流亡的旅途,而甘心将错就错地埋骨于异乡。四方之志?至少在齐国的五年里,重耳的属僚们很少再听到他提起这样的话题了。古人云,怀与安,实败名。留恋妾妇,安于享乐,又怎能建立功名,垂于不朽?重耳深陷在姜氏夫人的温柔乡里不思进取,让舅父狐偃和近臣赵衰非常着急。深明大义的夫人劝重耳要振作:

"子一国公子,穷而来此。数士者以子为命。子不疾反国报劳臣而怀女德,窃为子羞之!且不求,何时得功?"

——《史记·晋世家》

但夫人越是明达,重耳对她越是眷恋。姜氏夫人无奈,只得狠下心摆了一局酒将重耳灌醉,让舅父狐偃把他抱上马车,星夜兼程地离开了齐国。

离开齐国之后,重耳一行人取道卫国,来到了曹国。荒淫昏聩的曹共公接待这位落难公子甚是轻薄,但曹国贤臣僖负羁却对重耳青睐有加:

僖负羁之妻言于负羁曰:"吾观晋公子贤人也,其从者皆国相也,以相一人,必得晋国。得晋国而讨无礼,曹其首诛也。子盍蚤自贰焉?"僖负羁馈飧,置璧焉。公子受飧反璧。

——《国语·晋语四》

曹国虽小,却不是没见过世面的穷乡僻壤。它北望霸齐,南邻强宋,见证了齐桓公与宋襄公这两代春秋霸主的兴衰荣辱。重耳君臣能博得曹国政治精英"贤人""国相"的好评,足见五年的齐国之行里,表面上耽于享乐的重耳其实并未荒废光阴,他的"留学深造"初试合格了。

柒

离开齐国之后,应该向何方势力求助,才能实现回国执政的心愿呢?此时的重耳已经不再像十七年前刚刚逃离晋国的时候那样盲目。他不再需要卜卦问天、求取前途了。五年的齐国经历让重耳对天下大势有了更真切的观察和更深刻的理解。这一趟从齐国出来,重耳先后访问了六个国家:卫国、曹国、宋国、郑国、楚国和秦国。尽管《国语》和《史记》并未详细说明重耳为何选择这样的一条访问路线,但仔细分析公元前640年前后的国际形势以及重耳等人在各国的访问经历,我们似乎可以做出这样的判断:在上述六国当中,只有宋国、楚国和秦国是重耳的目的地,取道卫、曹是为了赴宋,离宋后过郑是为了入楚。齐桓公去世之后,宋襄公与楚成王先后会盟诸侯,执政坛之牛耳。而秦穆公虽然偏居西方,却对晋国保持着强大的影响力——晋国的现任国君晋惠公就是他扶立的。重耳应该是先后将返国执政的希望寄托在了这三个国家的身上，至于其他的诸侯国，比如近在咫尺、还与晋国有着宗亲之谊的鲁国，因为在中原政坛的影响力太弱，重耳就忽略过去了。对比十七年前首次逃亡时一家伙扎入白狄，荒废十二年光阴的往事，不得不说，此时重耳的眼光老练了许多。

能帮助自己返国执政的人，重耳的首选是宋襄公——没办法，住在齐国的这五年里，宋襄公露脸、露大脸的机会太多了，他在齐国政坛的存在感可远比楚成王、秦穆公要强：

> 孝公元年三月，宋襄公率诸侯兵送齐太子昭而伐齐。齐人恐，杀其君无诡。齐人将立太子昭，四公子之徒攻太子，太子走宋，宋遂与齐人四公子战。五月，宋败齐四公子师而立太子昭，是为齐孝公。宋以桓公与管仲属之太子，故来征之。

——《史记·齐太公世家》

公元前643年齐桓公死后，六子夺嫡，齐国内战爆发。公子无亏在佞臣竖刁和易牙的支持下篡权作乱，齐太子昭无法嗣位，被迫逃亡宋国。宋襄公曾受齐桓公和管仲的顾命之托，于是便联合曹、卫等诸侯，武装护卫太子昭返国登基。迫于联军的声势，齐人杀了公子无亏，准备迎奉太子昭。但其余四位公子的党徒又不同意，联合起来阻击太子昭的护卫军队，结果被宋襄公一战击溃。战胜之后，太子昭终为宋襄公所立，是为齐孝公。想当年，重耳也曾期待过齐桓公能在返国执政的道路上扶他一把。桓公作古之后,齐国太子是宋襄公扶正的,附属于齐国的若干小诸侯国也已投靠宋襄公麾下。重耳返国要借重靠山,他当然会第一时间想到这位以齐桓公的霸业继承人自居的宋国元首。

但重耳来得不巧。他抵达宋国的时候,宋襄公刚刚遭遇了泓水之战的惨败。不但襄公本人在战场上负了伤,宋国脆弱的霸权也被楚国的兵锋击得粉碎。对重耳的来意,宋襄公应该是知道的,甚至重耳也可能当面对他有所表示。这可以从下面这件事中作出推断:

(襄公)赠以马二十乘。

——《国语·晋语四》

重耳当年投奔齐国的时候,齐桓公就曾赠予马车二十乘,以此笼络重耳,把他攥在手里,当成一枚影响晋国政治、夺取天下霸权的棋子。现在宋襄公仿效齐桓公的故事,也赠予重耳二十乘马车,说明此时的宋襄公虽然已经被楚成王从霸主的宝座上掀了下来,但好高骛远的心气儿还没落下去,一举手,一投足,都还迷恋着齐桓公当年那套大国外交的气派。可襄公虽有雄心,宋国大臣们却已经没了壮志。和狐偃有点儿交情的宋国司马公孙固私下向狐偃透底:

"宋小国新困,不足以求入,更之大国。"

——《史记·晋世家》

不是宋国不帮忙,而是国小力弱,帮不上你们的忙。你就当面求了也是枉然。可放弃了宋国,该去哪儿呢?公孙固指点狐偃要"更之大国"。宋国的霸业已经被楚国夺去,原先从属于宋国的诸侯纷纷雁行于楚。谁是"大国"还用问吗?去楚国碰碰运气吧。

遂如楚,楚成王以君礼享之,九献,庭实旅百。

——《国语·晋语四》

楚成王给予重耳一行人的接待规格之高是史无前例的。他以接待他国元首的礼仪隆重地迎接重耳。宴会上光是献酒就献了九遍,赠予重耳的礼物堆满了整座庭院。乍一看,素未谋面的楚成王似乎对公子重耳有一见如故的知遇之感。但你当真这么认为,那可就大错特错了。纵观重耳这一趟周游列国的行程,不难发现这样一个规律:卫国、曹国和郑国这三个弱国的国君都不拿这位流亡公子当回事儿,反倒是宋国、楚国和秦国这三个有志图霸的强国的元首都给予了重耳极高的礼遇。对前面三个弱国来说,他们在列强争霸的夹缝中艰难求生,环境逼迫他们不得不势利。对重耳不屑一顾,正说明他无权无势。要是到了楚成王这个"南霸天"的跟前儿,上赶着献殷勤的郑文公还不得跑得屁颠儿屁颠儿的。可是对重耳,做奴才的郑文公不殷勤,当主子的楚成王反倒殷勤起来了,这不是太反常了吗?事出反常,中必有妖。

当年逃出晋国的时候狐偃说过,楚国这样的超级大国,除非你对他称霸天下的宏图远略有帮助，否则他才不会在你身上下本钱呢。可现在楚成王以接待他国元首的礼仪厚遇重耳，君礼、九献就是他在重耳身上的投资。这笔投资暗示楚国已经将重耳视为晋国的下届国家领导人了，并可能为他的上台执政提供帮助。但这世上可没有免费的午餐，你知道他楚成王对这笔投资的回报预期是什么吗？就这么冒冒失失地伸手拿他的好处，将来你还得起吗？所以，面对楚成王献上的殷勤，重耳的第一反应是要推辞。但这一回，狐偃拦住了他。狐偃说：

"天命也，君其飨之。亡人而国荐之，非敌而君设之，非天，谁启之心！"

——《国语·晋语四》

"公子你只是一个流亡者，楚王却待以国礼。你的身份与他相差悬殊，不能匹敌，他却殷勤陈设，送来了这许多东西。楚王的眼睛多尖呐，他已经瞧出来了，天意注定你将来要执掌晋国。既然如此，你又怎能妄自菲薄呢？"

狐偃的这番话饶有深意，他是要提醒重耳：你返国执政是受命于天，即便楚成王在这个过程中提供了某种形式的帮助，那也不过是顺应天命；我们既非仰人鼻息，就应该自信一点，踏踏实实地以客主之礼与楚成王平等对话。那对话谈什么呢？楚成王既然暗示可以支持你做晋国的下届领导人，帮这么大的忙，我们总要听一下人家想得到什么报酬吧？

楚成王这边儿呢，他就担心你不接受他这份人情呢。成王不光眼尖，还嘴刁，拿了他的好处，接下来就该谈谈交易了。果然，酒过三巡，楚成王说话了：

"子若克复晋国，何以报我？"

——《国语·晋语四》

不愧是一位极有城府的政治家。执掌楚国近四十年的经历历练出了楚成王圆熟的外交手腕。他并没有直接开出价码，而是反客为主地向重耳询问报价：如果将来有一天回国执政了，你打算怎么报答我呢？

对这份报价，楚成王的心理预期是什么？要推测这个答案，我们不妨参考一下十三年前（公元前651年）重耳的竞争对手、晋惠公夷吾返国执政的时候与秦国达成的交易条件：秦国支持夷吾即位，惠公即位后割让原属晋国的河西八城与秦国，并承认秦国在国际事务中的领导地位。虽然晋惠公登基之后毁弃了这份协议，但毁约让他在韩原之战中遭到了秦国的痛击。不但河西八城仍旧割让了出去，太子子圉还被迫到秦国做了人质。割地质子，沦为秦国的附庸，让晋国基本丧失了与秦、楚两大国争霸中原的主动权，而这个祸根就是晋惠公当年与秦国进行交易谈判时埋下的。

有鉴于此，重耳这一次与楚成王的谈判极其谨慎。他并非不知道楚成王君礼、九献的馈赠背后有何等深意，但面对楚成王

"何以报我"的询问，重耳不敢轻易地将话题引向政治利益的交换。于是他谦卑地回答道：美女、宝玉，您有的是；象牙、犀皮这些物产，晋国还得仰仗您的余息，我能有什么拿得出手的东西回报给您呢？

没有得到自己想要的答案，楚成王不依不饶地又问了这么两句话：

"虽然，何以报不谷？"

——《史记·晋世家》

古人写文章最讲究"文气"。所谓"文气"，就是要从死的文字符号中传递出鲜活的语气和表情来。司马迁写的这两句七个字，语气、表情那可就太丰富了。

论物产之丰富，经济实力之雄厚，此时的楚国很可能的确是压倒晋国的（关于这一点，张正明先生在《楚史》中已经做出过相关论述），但重耳说晋国的货物流通还要仰仗楚国的富余，这无论如何也是对东道主的恭维和客套了。但楚成王接过这份恭维，可没有一点儿谦让的意思："虽然"——"话是这么说，没错"。只在这两字之间，楚成王的自信、高傲和不可抑遏的优越感跃然纸上，将他之前的殷勤和礼貌冲得烟消云散。但这还没完。"何以报不谷？"——"你今后要怎么报答我呢？"楚成王既然已经摊牌，明示他和重耳，甚至是他和晋国之间都处于我强而你弱的不对等地位，那么不平等的谈判双方签订的一定是不平等条约，因此楚成王的回报预期也绝不止于美女、珠宝。可以推想，他真正想得到的应该是重耳的承诺，一个重耳即位之后将会向楚国让渡政治利益甚至表示臣服的承诺。

那接下来，面对亮出底牌的楚成王，重耳又该如何应答呢？

楚成王的这两句话让我禁不住想起《三国演义》里那个青梅煮酒的曹操。曹操对刘备说，"今天下英雄，惟使君与操耳"，那也是摊牌，而刘备呢，是这么应付的：

> 玄德闻言，吃了一惊，手中所执匙箸，不觉落于地下。时正值天雨将至，雷声大作。玄德乃从容俯首拾箸曰："一震之威，乃至于此。"操笑曰："丈夫亦畏雷乎？"玄德曰："圣人迅雷风烈必变，安得不畏。"将闻言失箸缘故，轻轻掩饰过了。操遂不疑玄德。
>
> ——《三国演义·曹操煮酒论英雄》

刘备最大的本事是韬晦，也就是找一具柔软的躯壳把自己平步青云的志向藏起来，所以后人说他"巧借闻雷来掩饰，随机应变信如神"。韬晦的刘备有志向，可惜不够大。在逐鹿问鼎的过程中，刘备一直小心翼翼地走在曹氏父子的身后：曹操先封了魏王，刘备才敢自称汉中王；曹丕篡汉自立以后，刘备才终于圆了朝思暮想的皇帝梦。汉贼不两立，王业不偏安？听一听就算了吧。

俗话说，艺高人胆大。要跟曹操相比，"装孙子"的刘备不敢说艺高。但和执掌楚国近四十年的楚成王比起来，一天执政经

验都没有的晋公子重耳的确称得上艺高。因为面对楚成王的追问,重耳敢于"摊牌":

> "若以君之灵,得复晋国。晋、楚治兵,会于中原,其避君三舍。若不获命,其左执鞭弭,右属櫜鞬,以与君周旋。"
> ——《国语·晋语四》

倘若沾您的余福,有朝一日真能返国执政,晋楚交兵中原,我将退避三舍。如果这样都还听不到您退兵的命令,那我只能左挽强弓,右挈箭囊,陪您上场走几招了。重耳这番回答等于当着楚成王的面表态,今后他领导下的晋国必将全力以赴,夺取中原霸权。如果说要向楚国让渡某些权益的话,也只能在坚持这个核心利益不受损失的前提下来谈。这样算下来,晋国所能向楚国让渡的,也就只剩"退避三舍"而已。换言之,"退避三舍"就是重耳在这次谈判中所能让步的底线了!要知道,自晋献公死后,晋国长期内乱,尔后惠公夷吾又因韩原战败,割地质子,让晋国沦为秦国的附庸。但重耳不仅没有像楚成王期待的那样表示改换门庭,弃秦投楚,反而直截了当地对楚国的霸权发出挑战,他当真不怕死吗?

事实上,重耳这番话一出口,楚国令尹子玉当即就起了杀心:

> "王遇晋公子至厚,今重耳言不孙,请杀之!"
> ——《史记·晋世家》

《三国演义》里说，当初刘备投奔曹操、寄人篱下的时候，荀彧也曾建议曹操早点儿结果了他，以绝后患。但郭嘉却不同意：

"主公兴义兵，为百姓除暴，惟仗信义以招俊杰，犹惧其不来也；今玄德素有英雄之名，以困穷而来投，若杀之，是害贤也。天下智谋之士，闻而自疑，将裹足不前，主公谁与定天下乎？夫除一人之患，以阻四海之望：安危之机，不可不察。"

——《三国演义·吕奉先辕门射戟》

和曹操一样，楚成王也有鸿鹄之志，那便是图霸。所谓春秋霸业，意思是恩威并施，双管齐下，将中原诸侯统统纳入楚国主导的国际秩序中去。只有树立良好的国际形象，楚国才能博得天下诸侯的真心拥戴。堂堂楚王因为酒桌上的一句"失言"便对落难公子痛下杀手，这话要是传扬出去，楚国"蛮夷之邦，不识华夏礼义"的非议又将甚嚣尘上。晋国公子的这条贱命不足顾惜，但楚国的国际形象却受不得半点玷污。重耳是号准了楚成王的脉，才敢在筵席之间如此"放肆"的。

作为春秋历史上称霸时间最长的两大国，晋、楚两国政治高层的正面交锋正是从楚成王为重耳摆下的这一桌接风筵开始的。虽然重耳在与楚成王的第一次交锋中没让对手占到便宜，但"退避三舍"的底牌一亮出来，楚成王也就明白了：重耳不会像当年晋惠公夷吾割地称臣以换取秦国的支持那样同楚国进行政治交易,他也绝不能将这位志在挑战楚国霸权的政治强人扶上晋国的君位。双方的谈判从此陷入了僵局,重耳和他的随行大臣们滞留在楚国,一筹莫展,时间长达数月。

但是重耳无须焦虑,因为秦穆公派来迎接他的使者,这时已经在南下的路上了……

捌

何处是归程?长亭更短亭。

漂泊东南、辗转数国的重耳就像一只日暮投林的倦鸟,虽然返国心切,却始终攀不到那条能助他青云直上的高枝。殷宋小国力弱,不堪为援;蛮楚野心勃勃,欲壑难填。放眼天下,更有何方势力可以求告?滞留楚国的重耳似乎走进了一个死胡同,数月之间,一筹莫展。或许重耳从来没有奢望过秦国会主动伸出橄榄枝,寻求与他的合作。因为自公元前645年韩原战后,秦穆公已经成功地降服了晋惠公父子,迫使他们沦为向秦国输送利益的附庸。赚得盆满钵满的秦穆公又怎么可能调转头来支持晋惠公的对手重耳呢?

但命运就是这么难测。在重耳滞留楚国的这段时间,秦穆公越来越担心晋国会逸出自己的掌控,因为那个在战场上被秦军俘虏过的晋惠公已经病入膏肓,晋国眼看着又要变天了。晋惠公病笃的消息传入秦国,在秦国为质的晋国太子子圉如坐针毡。万一惠公突然薨逝,秦国又扣住子圉向晋国肆意勒索的话,难保晋国群臣不会抛弃子圉,另立新君。为了能顺利接掌大位,子圉把心一横,撇下秦穆公许与他的妻子怀嬴,不打招呼就悄悄地潜回了晋国。果然,到公元前637年九月,晋惠公咽气了,子圉继位,是为晋怀公。

虽然在秦国生活了整整六年,但那里只带给子圉自卑和屈辱。在这六年里,子圉的身份不是高贵的晋国太子,而是被扣押的战败国的人质。"人质"这个标签就像刺在脸上的金印,让子圉没脸抬头做人。他的夫人怀嬴曾说:

"子一国太子,辱在此。"

——《史记·晋世家》

而他的岳父秦穆公也说:

"子圉之辱,备嫔嫱焉。"

——《国语·晋语四》

老秦人鄙薄的目光像刀锋一样锐利,割得子圉的脸热辣辣地疼,但最让他不可忍的还另有其事:

十年(公元前641年),秦灭梁。梁伯好土功,治城沟,民力罢怨,其众数相惊,曰:"秦寇至。"民恐惑,秦竟灭之。

——《史记·晋世家》

·重耳·

韩原战败后,晋惠公无力阻止秦国东扩。秦国趁机吞并梁国,将自己的势力楔入晋国的河东地区。想当年晋惠公夷吾因骊姬之乱逃难到梁国的时候,梁伯将女儿嫁给了他,诞下一子一女,儿子正是太子子圉。秦国灭梁,灭掉的就是子圉的母家。这让子圉对秦国蓄怨更深。子圉既与秦国有这许多宿怨,现在他登基执政,秦、晋邦交随时都有恶化的可能。秦穆公必须未雨绸缪,设法制约这个不听话的女婿,而制约子圉的王牌呢?穆公第一时间就想到了子圉的伯父,那个滞留在楚国的公子重耳。

秦穆公的使者抵达楚国之后,楚成王对重耳说:

楚远,更数国乃至晋。秦、晋接境,秦君贤子,其勉行!

——《史记·晋世家》

可能是因为自己早年也曾遭遇过政变流亡的苦难,楚成王对重耳多存了一份同情,不但厚礼相赠,临别之际还送上祝福:秦君既对公子你青睐有加,事在人为,好好努力吧!

素昧平生的秦穆公真能像楚成王说的那样对重耳释放出最大的善意吗?至少,在重耳刚刚抵达秦国的时候,他没有。非但没有,秦穆公还给重耳出了一道大大的难题:为了拉近双方的关系,秦穆公将自己的女儿文嬴嫁与重耳为妻,添了一层姻亲之谊。按照周朝礼制,诸侯婚嫁要有媵女陪同夫人过门。而为了显示秦国对重耳的"隆遇",秦穆公甚至破例送去了四位媵女(比照《公羊传》所记载的惯例,多出了两位)。可让重耳感到难堪的是,他居然在这四位媵女中见到了子圉的前妻——怀嬴。《国语》记载,婚礼的当天晚上,新娘的媵女循例应为新郎倒水净手。可怀嬴为重耳盥手的时候,重耳难掩对她的厌恶,不耐烦地甩甩手,溅了怀嬴一身水星子。怀嬴倍感屈辱,怒斥重耳不是瞧不起她,而是瞧不起秦国。这话要传到秦穆公的耳朵里,洞房中的一桩琐事可能陡然间升级为严重的外交事件!为了把自己的疏失挽回来,重耳赶紧褪去礼服,自戴枷锁,摆出一副听凭发落的待罪姿态。而秦穆公呢?言语上也很客气。他向重耳解释说,怀嬴是他最心爱的嫡女,嫁与重耳,初衷只是要为女儿寻个好归宿,如果重耳因为怀嬴同子圉的婚史而感觉难堪,怀嬴的去留悉听尊命。

"公子有辱,寡人之罪也,唯命是听"(《国语·晋语四》),秦穆公的这番话乍一听怪理厌心,但其中能有几分真诚?我表示怀疑。因为在《左传》《国语》《史记》的这些作者们笔下,秦穆公经常是说一套、做一套的。

想当年那场韩原大战,秦军在战场上俘虏了晋惠公。晋国群臣生害怕秦穆公会下令处死自己的主子,纷纷要求陪同晋惠公去秦国做战俘。秦穆公当众跟大家承诺:

"你们都哭丧着个脸干什么呢?我把晋君带回国去也不过是遵从故太子申生的亡灵之托。放心,我不会对他怎么样的!"

虽然秦穆公信誓旦旦，可晋国群臣却将信将疑。离开前，他们做了最后的努力。他们说：

"君履后土而戴皇天，皇天后土实闻君之言，群臣敢在下风。"

——《左传·僖公十五年》

"皇天后土可都听到了您的承诺，我们也是见证，您切切不要食言呐！"晋国群臣的担心多余吗？不多余！刚一回国，秦穆公就传令打扫宗庙，要用晋惠公的人头祭祀先祖。当着天地赌咒发誓又怎么样呢？对华夏礼义素无信仰的老秦人就不吃你那套道德绑架。可晋惠公要被杀头祭祖的消息一传出来，他的姐姐、穆公的夫人秦穆姬就急眼了，带着太子罃、公子弘和公主简璧登上柴堆，扬言秦穆公若胆敢伤了兄弟的性命，她立马和三个孩子自焚而死。

听到这个消息，穆公的口风又变了：

"获晋侯，以厚归也；既而丧归，焉用之？大夫其何有焉？且晋人戚忧以重我，天地以要我。不图晋忧，重其怒也；我食吾言，背天地也。重怒，难任；背天，不祥。必归晋君。"

——《左传·僖公十五年》

穆公说，回想起战场上晋国群臣的忧戚，他实在不忍心就这样处死晋君；而当着皇天后土立下的誓言更是不能轻易违背的。晋君若死，天怒人怨。算了，还是送他回去吧。

中国古代官场上有句俗话，叫作"成事不谏"，也就是说上级一旦就某个问题做了决定，下属们通常不会再提出异议了。可秦穆公已经表态"必归晋君"，公子絷却对他的话置若罔闻：

"不如杀之，无聚慝焉！"

——《左传·僖公十五年》

早在晋惠公因骊姬之乱叛逃出国，向秦国求助的时候，公子絷就是奉命与他谈判的使者。也就是说，在秦穆公与晋惠公这些年的合作与斗争中，公子絷是全程参与的重要成员。穆公表态要放走晋君，公子絷却仍坚持原议，必欲杀之而后快，这不是卖弄资历，恃功骄主，而是他把秦穆公的心思吃得透透的：穆公此刻根本就没拿定主意。这一点，《国语·晋语三》的记载也可以提供旁证：

穆公归，至于王城，合大夫而谋曰："杀晋君与逐出之，与以归之，与复之，孰利？"公子絷曰："杀之利。逐之恐构诸侯，以归则国家多慝，复之则君臣合作，恐为君忧，不若杀之。"

既然秦穆公还在或杀或放之间徘徊犹豫，为什么又要说出敬天畏人、必归晋君的话来呢？因为秦穆公要竭力掩盖一个事实：

夫人对他的要挟奏效了。"获晋侯，以厚归也；既而丧归，焉用之"（《左传·僖公十五年》），杀掉晋君，固然能让秦穆公一偿宿愿，但秦穆姬要杀死太子以为报复，这可就捏住了穆公的七寸，他犹豫了。这份犹豫，穆公得悄悄地藏起来，否则就等于当着满朝文武的面承认自己怕老婆。"牝鸡之晨，惟家之索"，古往今来，凡能允许后宫向朝政伸手的君王多半要背上桀、纣一样的坏名声。既要保全儿子，又要维护自己的体面，秦穆公该怎么办呢？"唯天为大，唯尧则之"，只能推说自己有意释放晋君是敬畏天地，重诺言、守信用了呗。于是乎，刚刚才被抛到脑后的皇天后土瞬间又被秦穆公给捡了回来，穿在身上当"避弹衣"使了。

一日三变脸，一句真心话都没有。秦穆公的虚伪不仅表现在对待晋君夷吾的态度上，对重耳和怀嬴的这门亲事，他也照样夹藏私心。穆公对重耳说：

"寡人之適（嫡），此为才。子圉之辱，备嫔嫱焉。欲以成婚，而惧离其恶名。非此，则无故。不敢以礼致之，欢之故也。公子有辱，寡人之罪也。唯命是听。"

——《国语·晋语四》

从身份上说，嫁与重耳的正室夫人文嬴是庶出，而媵女怀嬴是嫡出。庶女为妻，嫡女为媵，这个安排是颠倒尊卑的。怀嬴是秦穆姬的亲生女儿，可能就是《左传》中秦穆姬要带着她去自焚的那位公主简璧。秦穆公解释说，他原本就是想把怀嬴嫁给重耳，只是碍于怀嬴曾经许配给重耳的侄子子圉，担心伯父纳了侄儿媳妇会为礼法所不容，这才不得已将怀嬴混在四位媵女当中送了过来。言下之意，怀嬴才是秦穆公与重耳联姻的真正筹码，而文嬴只是一个掩人耳目的幌子罢了。

根据谢维扬《周代家庭形态》一书的统计，伯父纳侄儿媳妇为妾，重耳与怀嬴的这段婚姻是周朝绝无仅有的一例。为什么对先后来到秦国的子圉和重耳叔侄俩，秦穆公都这么固执地非要让他们娶秦穆姬的女儿呢？我认为，这是秦穆公要报复重耳和秦穆姬的父亲晋献公当年与他联姻的往事。

秦国自东周初年获封诸侯之后，始终锐意东进，渴望能耀兵洛水，问鼎中原。而在春秋的历代秦君之中，又以秦穆公的野心最大，能力最强，态度最积极。公元前659年，秦穆公登基，当年即"自将伐茅津，胜之"（《史记·秦本纪》）。茅津渡在今天的河南三门峡附近，是秦国东出潼关、进军洛邑的必经之地。秦穆公刚一上台就攻打茅津，这让坐镇山西的晋献公感到紧张。为了阻遏秦国的东进之势，晋献公在第二年即公元前658年迅速实施了第一次假途灭虢之计，攻占下阳，与秦国针锋相对。

三年之后，晋献公再度假途灭虢，一举将黄河南北的虞、虢之地全部纳入晋国的版图，同时设置桃林塞，驻兵防守。桃林塞的建立等于在关中的东大门上插了一根闩子，英勇善战的老秦人就像野狼一样被困在了陕西的这片四塞之地中。可老奸巨猾的晋

·重耳·

献公并不打算困死这匹狼。他想要驯服它,把它变成一条温顺的看门狗。怎么个驯服法呢?晋献公仿照西周天子命申侯与老秦人联姻的故事,将女儿伯姬嫁往秦国,意图对秦人实施血缘归化。当穆公的新夫人在晋国陪臣的护送下抵达秦国之后,晋献公又特别附送了一件意味深长的礼物:他将俘虏的虞国亡臣百里奚作为秦穆姬的陪嫁送来了。百里奚的到来是要警告秦穆公,虞国已成晋国的囊中之物,晋国绝不会允许秦国通过它的新占领区向东周王畿伸手,那里是晋国的核心利益所在。那秦国如果不东进,又当何以自处?晋献公的意思是希望它安于现状,以姻亲的身份为晋国守卫西疆。回想西周的时候,尚未跻身诸侯的老秦人曾经长期担任周朝的西垂大夫,为周天子看家护院。可几辈人浴血奋战,好容易博得了诸侯的名分,却仍被周天子的同宗晋国视作护院保镖,这让秦穆公感到了莫大的耻辱。要不是晋献公随后身故,秦、晋两国的战略决战可能早就爆发了。

晋献公死后,诸子夺嫡,晋国内乱。这让秦穆公看到了战争手段之外,实现东进战略的另一种可能,那就是通过扶植代理人遥控晋国内政。之所以在夷吾和重耳两兄弟返国执政的过程中秦国始终表现活跃,根本的原因就在这里。晋惠公执政后,曾经试图摆脱秦国的控制,但韩原战败,让他丧失了抗衡秦国的能力。太子子圉到秦国为质,秦穆公将穆姬的女儿嫁给了他,这意思还不明白吗?秦穆公就是出一口恶气,要把晋献公当年用在他身上的那一套手段还施于晋国公室:你晋献公不是拿我当个看家护院的奴才吗?那今天我也让你的孙子知道知道什么才叫奴才。你要用女儿来羞辱我吗?我就用你的外孙女来回敬你。

因此,秦穆公当年将怀嬴嫁给子圉,恐怕不仅像《左传》和《史记》所说是为了让子圉安心待在秦国,更重要的是为了宣示秦国与晋国之间的主仆关系。倘若嫁过去的不是秦穆姬的女儿,这层政治含义是体现不出来的。这也是子圉叛逃回国之后,秦穆公又要执意把怀嬴嫁给重耳的原因。但对重耳来说,接纳怀嬴的伦理障碍可就多了:从穆姬那儿算起,怀嬴该叫重耳一声舅舅;而从子圉那儿算,怀嬴又是重耳的侄儿媳妇。秦穆公如果真的疼爱怀嬴,能主动把她推进这么一段丑恶不伦的婚姻里去吗?不能。可秦穆公偏偏这么做了,因为秦国的政治利益要远比女儿的个人幸福来得重要。当然,秦穆公这样做也不排除有部分原因是出于对已经身故的秦穆姬的怨恨——当年你胆敢要挟我,如今我就把这口恶气都撒在你的女儿身上。

在这段充满谲诈和暗算的政治联姻当中,怀嬴才是最可怜的牺牲品。她不仅被自己的亲生父亲狠心抛弃,嫁给了舅舅,又因为是乱伦的结合,怀嬴在重耳的九位姬妾中始终居于最卑微的地位。直到多年以后,晋国的执政卿赵盾谈起已故的怀嬴,还非常不屑地斥她是个"贱人"。当然,那都是后话了。

此时,秦穆公执意要把怀嬴嫁过来,重耳和他的群臣该如何解开这道难题呢？臼季说：

> "娶妻避其同姓，畏乱灾也。故异德合姓，同德合义。义以导利，利以阜姓。姓利相更，成而不迁，乃能摄固，保其土房。今子于子圉，道路之人也，取其所弃，以济大事，不亦可乎？"

——《国语·晋语四》

按古人的逻辑，同姓之人必有同德。所谓"德"，并不是我们今天所说的道德，而是一种专属于某个共同体的身份属性，类似于原始社会的氏族图腾。按照周朝的宗法制度，先君去世后，他的庶子们必须与新君分家，所以早在晋惠公夷吾登基的时候，理论上他和重耳的宗族就各自独立、互不牵连了。臼季对重耳说，既然公子您已经与惠公分家了，不同德也就是不同姓，所以您和子圉跟陌路之人没什么两样，娶了他的前妻又能怎么的？臼季对这段乱伦婚姻的道德辩解或许牵强，但重耳与惠公父子间早已没有了手足之情、亲戚之谊却是不争的事实。所以狐偃也劝重耳，江山都要夺过来，收编个女人有什么可犯难的？秦君怎么说就怎么办吧！

臼季和狐偃的话不无道理，但他们的思考偏离了问题的主要方向：凭借重耳遗留在晋国的人脉，他只要能够争取到秦穆公的鼎力支持，里应外合扳倒子圉不成问题，所以娶不娶怀嬴，影响决定的主要因素不是子圉，而是秦穆公。这一点，赵衰看得很清楚：

> "今将婚媾以从秦，受好以爱之，听从以德之，惧其未可也，又何疑焉？"

——《国语·晋语四》

赵衰提醒重耳，迎娶怀嬴是与秦穆公达成合作协议的前提，就像当初接受了君礼、九献之后才能开启与楚成王的谈判一样。可是野心勃勃的秦穆公也像楚成王一样有志问鼎，他们都是重耳未来的竞争对手，秦、晋两国的结构性冲突短期之内是无法调和的。如果这一次同秦穆公谈判，重耳还照上回那样把自己的战略雄心和盘托出，"退避三舍"，硬茬儿硬接，那这场谈判估计又要黄了。该怎么办这一趟交涉，才能既避免过分地妥协退让，又能成功争取到秦穆公的支持呢？

重耳心里没有底。迎娶怀嬴之后，秦穆公设宴相待。重耳像上回赴楚成王的宴会一样，又让舅父狐偃陪同。但这次，狐偃推辞了。他说：

> "吾不如（赵）衰之文也，请使衰从。"

——《国语·晋语四》

辞令折敌、言谈机锋，狐偃说，我不如赵衰，让他陪您去吧。那赵衰这个临危受命的谈判高手能想出什么手段促成秦穆公和重耳的合作呢？

依照周代"宾礼"的规定，诸侯国君或者他的使者到别国进行外事访问，东道国的国君都会设宴享宾。宴会之上，宾主双方往往还要赋诗劝酒。重耳之前抵达楚国的时候，楚成王也是按照这样的外交礼仪接待他的。这一回来到秦国，接受了秦穆公的联姻提议之后，重耳又一次参加了秦穆公为他举行的飨宴。宴会上：

> 公子赋《河水》，公赋《六月》。赵衰曰："重耳拜赐！"公子降，拜，稽首，公降一级而辞焉。衰曰："君称所以佐天子者命重耳，重耳敢不拜？"
>
> ——《左传·僖公二十三年》

关于秦穆公与重耳的这次饮宴，《史记》与《左传》的记载基本相同，但《国语》所记录的宴会经过及宾主双方的谈判磋商却要比这曲折得多，也艰难得多：

> 秦伯享公子如享国君之礼，子余（赵衰）相如宾（傧）。卒事，秦伯谓其大夫曰："为礼而不终，耻也。中不胜貌，耻也。华而不实，耻也。不度而施，耻也。施而不济，耻也。耻门不闭，不可以封。非此，用师则无所矣。二三子敬乎！"
>
> ——《国语·晋语四》

秦穆公也摆开了接待国君的礼仪来接待重耳——是不是感觉

很熟悉呢？似乎楚成王前回接待重耳的情景又重现了。但是这一次，重耳面临着更艰难的考验，因为当他一只脚迈入"考场"的时候，重耳和他的陪臣赵衰都发现：秦国君臣在考卷的开头"加试"了一道题目。周礼中的宾礼规定，当宾客莅临宴会的时候，东道主方面应安排专门的司仪出来迎接，是为"傧"；进入宴会现场，还须有专人赞礼，是为"相"。但眼前的情形是，秦穆公摆开了国宴，国宴上却没有傧相之人的影子。这不禁让我想起了《史记·绛侯周勃世家》里的那个故事：孝景帝宴请平定七国之乱的大功臣周亚夫，为了杀一杀这位功臣的气焰，景帝吩咐在他的席位上摆了一大块肉，却偏偏不给他切肉的刀和筷子。

没有傧相，重耳怎么入得了席呢？可老这么傻站在外头也不是个办法，岂不要引得秦人嘲笑？就在这时，赵衰急中生智，挺身而出，扮演起了傧相的角色。履行完礼仪流程之后，鉴于秦国君臣的无礼，重耳并未与穆公饮宴，而是径直退席表示抗议。"子余相如宾"，主人失礼，还要靠客人来圆场，这让秦穆公颜面无光。望着重耳君臣离去的背影，秦穆公斥责身边的下属道：筵席都摆开了却不安排傧相，善始而不能善终，丢人！表面上客客气气，暗地里却给人使绊子，更丢人！咱们要么不做这个人情，不请人家吃饭，既然打定主意请人来了，临了又这样阳奉阴违，进退失据。这个臭毛病要改不了，秦国的形象早晚让你们给败光了！别老惦记着咱们手里有枪就只当可以为所欲为，外交礼仪是极其重要的！你们全都得给我打起精神来，敬慎其事才行！

我也不确定，秦穆公的这番"五耻论"骂的究竟是他属下的众位大夫呢，还是他自己。有可能傧相缺位是秦国大夫们自作主张，但是按照秦穆公往常口不应心的做派，也说不定众大夫们是受了冤屈，帮君上背了黑锅呢？不管傧相缺位的馊主意是谁出的，都证明了在秦国内部有人想给重耳君臣一个下马威，但第一个回合的交手过后，很显然，秦穆公这边不但没捞着便宜，反而还丢了脸面。

根据《国语》的记载，双方的正式宴饮与实质性的会谈是从第二天开始的。秦穆公在次日重摆宴席，招待重耳。一开席，穆公便赋了一首《采菽》。孔子的庭训中有一句非常有名的话，叫作"不学诗，无以言"。所谓"言"，也就是答对酬酢，尤其在外交场合的言语交流中，赋诗言志使用得就更频繁，更讲究。引用《诗经》中的经典语句，将自己的意思暗寓其中，这不仅是为了文质彬彬、典雅庄重的表面需要，而且和直抒胸臆的表达相比，赋诗言志所能传递的信息含量也要大出许多。就比如秦穆公所赋的这一首《小雅·采菽》，根据韦昭所注，他很可能是赋了其中的这几句诗：

君子来朝，何锡（赐）予之？
虽无予之，路车乘马。

从字面上看，这几句诗显示出重耳来到秦国之后，秦穆公应该是仿效当年齐桓公和宋襄公接待重耳的故事，赠予了他一定数量的马车。但是秦穆公借《采菽》这首诗说出赠车之事，背后的用意可就深了。因为《采菽》这首诗是周天子赐予诸侯命服（即按官阶等级所穿着的礼服）之时所演奏的歌诗。在春秋时代，因为王室衰微，小国诸侯往往不是向周天子而是向主导霸权的大国朝觐，以此寻求它们的庇护。比如：

> （公元前642年）郑伯始朝于楚。楚子赐之金，既而悔之，与之盟曰："无以铸兵！"故以铸三钟。
> ——《左传·僖公十八年》

公元前643年齐桓公去世，齐国霸业中衰。与楚为邻的郑文公望风梯荣，率先改换门庭，投靠了楚国。为了向前来朝觐的郑文公炫耀楚国的富庶，楚成王破例以珍贵的铜料赠予郑文公。赠予之后，成王又仗恃自己的军事强势，蛮横地附加额外条件——他要求郑文公承诺这批铜料只能用于铸造礼器，而不能用于铸造兵器。现在秦穆公将公子重耳的赴秦访问视同于郑文公朝楚那样的"来朝"，并仿效成王赠金的做法赠予重耳马车，"君子来朝，何锡予之"，这一言一行便隐隐地定下了他与重耳之间的尊卑、主从关系，俨然是以中原霸主自居，代周天子行权的口气了。

面对秦穆公的强势，重耳该怎么办？他的祖国晋国自八年前韩原战败后就沦为秦国的附庸，而他本人现在还得仰仗秦穆公的援手才有可能回国执政。要迫使秦穆公让步，平等相待吗？他没有足够的谈判筹码。即便此时提出了外交抗议,我想秦穆公的回答也不会客气。

人在矮檐下,不得不低头。此时如果再用"退避三舍"把穆公顶回去,无异于毁灭了争取外援的最后希望。因此没等重耳表态,赵衰就赶紧让他降拜受礼。面对秦穆公假惺惺的下堂拜谢,赵衰朗声说道:

"君以天子之命服命重耳,重耳敢有安志?敢不降拜?"

——《国语·晋语四》

重耳既已表态承认秦国的领导地位,也就等于接受了秦穆公的谈判前提,接下来他可以提出自己的请求了。于是赵衰让重耳赋了一首《小雅·黍苗》:

芃芃黍苗,阴雨膏之!

"生机蓬勃的黍苗啊,正仰天企盼着雨水的滋润!"重耳之望穆公,如久旱之望甘霖。这份求援心切的期盼,秦穆公当然体会得到,所以他说"知子欲急反国矣"(《史记·晋世家》)。但有个问题的答案,想必是秦穆公在俯允重耳的请求之前想要了解的,就是楚成王问的那句"何以报我"。因此在重耳赋诗之后,赵衰随即向秦穆公解释说:

"重耳之仰君也,若黍苗之仰阴雨也。若君实庇荫膏泽之,使能成嘉谷,荐在宗庙,君之力也。君若昭先君之荣,东行济河，整师以复强周室，重耳之望也。重耳若获集德而归载，使主晋民，成封国，其何实不从。君若恣志以用重耳，四方诸侯，其谁不惕惕以从命！"

——《国语·晋语四》

从这一段话看，赵衰实际上代表重耳向秦穆公开出了两项交易筹码以换取他对重耳即位的支持。其一，晋国将改变自公元前655年以来由晋献公制定的遮断东路、阻击秦国东进的国策，转而向秦国开放过境通道。秦军将被允许东渡黄河，取道晋境直捣洛邑。这样一来，秦国东向问鼎，挟天子以令诸侯的地缘障碍将被扫除。其二，晋国承认秦国在国际事务中的领导地位，辅助秦国实现霸业。这两个条件一提出，意味着重耳至少在表面上放弃了与楚成王谈判时所坚持的"退避三舍"的基本立场。秦穆公当然也明白，这几乎是重耳所能对他做出的最大妥协了。对这个价码，穆公是满意的，因此他表态说：

"是子将有焉，岂专在寡人乎！"

——《国语·晋语四》

细谙这两句话的语气，不能不佩服秦穆公，他真有一副一流政客都不一定具备的好口才。"晋君之位命中注定就该是你的，哪儿能全是我的功劳呢？"这话里边是尊重天命，话外边却是代天授命；字面上否认全是我的功劳，言下之意至少大部分是我的功劳。语气越是谦逊，心态越是骄横。但春秋虽然已经是个礼崩乐坏的时代,却也还不能像战国那样把赤裸裸的政治交易公然摊到桌面上供人观瞻,它还得披上一层温情而合礼的遮羞布。于是志得意满的秦穆公紧接着便赋了《小雅·小宛》的首章《鸠飞》:

宛彼鸣鸠,翰飞戾天。

我心忧伤,念昔先人。

明发不寐,有怀二人。

"我彻夜难眠,思念着两个人",这所谓的"二人"指的是重耳的先父晋献公与他的亡姊秦穆姬。赋这两句诗,秦穆公是要向重耳强调:我愿意助你复国纯粹是看在已故的岳丈和妻子的情分上,虽然亡人已矣,但你我怎么说还是亲戚嘛,我可不是贪图你们家那点儿东西啊,这一点你要特别搞清楚!此时距离秦穆姬去世的时间并不长,穆公别有用心地在这个节骨眼儿上提到她,是要在顺利达到谈判预期之后打出一张感情牌,刻意去冲淡那些赤裸裸的交易色彩。晋献公如果泉下有知,他的女婿秦穆公就像饿狼一样巴望着从晋国的大腿上狠狠地撕下一块带血的肉来,估计九泉之下也不能安枕吧。

秦穆公的虚伪,历经沧桑、阅人无数的重耳当然看得明白,但是将近二十年的流亡生涯早已磨炼出了他深厚的涵养与气度。即便秦穆公话里话外咄咄逼人,为了达到返国执政的目的,重耳也竭力表现出了最大的隐忍。他紧接着穆公之后赋诗一首,赋的是《小雅·沔水》:

> 沔彼流水，朝宗于海。

"我对您的崇敬如滔滔江水，绵绵不绝。"没错，重耳的这番话跟周星驰的无厘头几乎是一样的，不必太当真。但秦穆公可能有那么一点儿当真了，他的心态开始发"飘"，于是赋了一首《六月》：

> 王于出征，以佐天子。

韦昭注《国语》，杨伯峻注《左传》，前贤时彦异口同声地认为秦穆公赋这两句诗，是在预言重耳为君，必霸诸侯，以匡佐天子。在我看来，这绝无可能。因为必霸诸侯、匡佐天子恰恰是秦穆公本人的目标，如果让他看出重耳有这样的企图或者潜质，那秦穆公是不会助他返国执政的，这不等于搬起石头砸自己的脚吗？这两句诗，跟开席时赋的那一首《采菽》有异曲同工之妙，穆公赋诗的时候大概已经找到了点儿周天子发号施令的感觉，他开始向重耳发出"旨意"，命他返国之后，要做好准备随自己征伐四方了。

到此，秦穆公的骄矜和狂妄已经任什么"雅言"都遮掩不住了。但诗无达诂，你有你的表达，我有我的理解，大家不妨各说各话。赵衰替重耳回复穆公的时候是这样说的：

> "君称所以佐天子匡王国者以命重耳，重耳敢有惰心，敢不从德。"

——《国语·晋语四》

秦穆公的本意是要求重耳执掌晋国后像辅佐周天子那样尽心地辅佐他。可赵衰说：您把辅佐天子、匡扶王国的期待放在重耳的身上，公子他一定会全力以赴的。——尊王攘夷，一匡天下，那不就是齐桓公当年做的事儿吗？赵衰的回答里可没承诺重耳和晋国要做秦国的陪臣，重耳要匡佐的是名副其实的"周天子"，他要做的是东周的霸主。

不信吗？就在这场宴会之后的次年，也就是秦穆公助重耳登基执政的元年，周襄王同时向秦、晋两国告难，他的弟弟王子带谋反了，襄王被迫流亡到郑国，只得哀告诸侯，请他们勤王救驾。天子的使臣刚到晋国，狐偃就建议晋文公重耳一定要抢在秦国之前出兵：

"民亲而未知义也，君盍纳王以教之义。若不纳，秦将纳之，则失周矣，何以求诸侯？不能修身而又不能宗人，人将焉依？继文之业，定武之功，启土安疆，于此乎在矣！君其务之。"

——《国语·晋语四》

虽然刚刚登基，立足未稳，但晋文公仍然接受了狐偃的建议，利用晋国的地缘优势，抢在秦国前面将周襄王迎回成周，迈出了晋国图王取霸的第一步。勤王之后，晋文公重耳第一次暴露出自己的政治野心，他请求周天子允许他死后享用隧葬的礼仪。根据周朝礼制，诸侯下葬的时候棺椁只能用绳子吊放到墓室里；通过墓道将棺椁拖入墓室，这是周天子独享的哀荣。死求哀荣，必然生求治权。周襄王为了维护天无二日、国无二主的体统，拒绝了晋文公的请求。但为了安抚他的失望，周襄王又给晋文公画了一张"大饼"：

> "赐公南阳阳樊、温、原、州、陉、䌹、组、攒茅之田。"

——《国语·晋语四》

这份赏赐可有意思了。因为从历史上看，周襄王赐予晋文公的这些土地，其所有权根本就不属于周王室，而是苏国的封地：

> 王（周桓王）取邬、刘、蒍、邘之田于郑，而与郑人苏忿生之田——温、原、䌹、樊、隰郕、攒茅、向、盟、州、陉、隤、怀。

——《左传·隐公十一年》

七十七年前，周桓王就曾经玩过一次空手套白狼的把戏，将原属于苏国的这些领土，以天子的名义与郑国进行"置换"，由此获取了郑国在黄河南岸的邬、刘、蒍、邘四座重镇。而春秋小霸郑庄公因为实力有限，又碍于君臣尊卑之别，吃了这份哑巴亏，没能武力夺取苏国十二邑。

七十七年过去了，现在周王室又要效仿当年糊弄郑庄公的故技,一批货卖两家,用苏国的这些封邑虚赠给勤王立功的晋文公。周襄王原以为刚上台的晋文公会像当年的郑庄公那样忍气吞声,谁知道,这位晋国的新主子可比当年的春秋小霸强横多了,软硬兼施,硬是把这片河内之地统统打了下来,将晋国的国境线一直前推到黄河的北岸。一水之隔的南岸,就是周朝的心脏——成周洛邑了。

许多年以后,齐宣王求教于儒家亚圣孟子,"齐桓、晋文之事可得而闻乎?"重耳的雄才远略不输于已故的齐桓公,而他开创的晋国霸业更远比齐国的成就辉煌。千里之行,始于足下。每一位伟人都有自己成功的起点,而重耳成功的起点正是公元前637年与秦穆公的那一次飨宴赋诗。从这时起,重耳破茧成蝶,青云直上的梦想渐渐变得触手可及了。

玖

公元前637年的那个冬天异常寒冷,但公子重耳的胸中却燃烧着火热的斗志。经过几轮艰难的谈判,他终于成功地争取到了秦穆公的军援,秦国承诺将以武力支持他驱逐晋怀公子圉,夺取政权。但是,就在秦军准备武装护送重耳东渡黄河之前,却发生了这么一桩令人费解的事:

> 晋国大夫栾、郤等闻重耳在秦,皆阴来劝重耳、赵衰

等反国，为内应甚众。

——《史记·晋世家》

晋国国内为什么会有这么多人支持重耳，反对子圉？要知道就在八年前韩原战败，晋惠公被掳去秦国的时候，惠公的专使吕甥以他的名义向群臣颁下罪己诏，授命太子子圉嗣位登基，以纾国难。那当口儿，晋国群臣无不痛哭流涕，誓言厉兵秣马、修缮城池以挟辅少主。为什么短短数年光景，子圉就被晋国朝野抛弃了呢？

国内有人暗中反对自己，对此子圉是知道一些的。先君惠公病笃的时候，子圉曾忧心忡忡地对夫人怀嬴说：

"我外轻于秦而内无援于国。君即不起病，大夫轻更立他公子。"

——《史记·晋世家》

子圉担心，如果他仍然困守在秦国为质，一旦宫车晏驾，国内的留守大臣们很可能会抛弃他，另择新君。从晋国权力更迭的后续发展看，子圉口中的"他公子"可能就是指他的伯父公子重耳。因为子圉自秦国潜逃回晋，嗣位为君之后，第一时间就颁布了针对重耳及其属僚的"限期回国令"：

子圉之亡，秦怨之，乃求公子重耳，欲内之。子圉之立，畏秦之伐也，乃令国中诸从重耳亡者与期。期尽不到者，尽灭其家。狐突之子毛及偃从重耳在秦，弗肯召。怀公怒，囚狐突。突曰："臣子事重耳有年数矣。今召之，是教之反君也。何以教之？"怀公卒杀狐突。

——《史记·晋世家》

很明显，子圉把重耳当作自己最大的竞争对手。为了孤立他，子圉在"限期回国令"中宣布，所有追随重耳的大臣如不在规定期限内脱离重耳回国，他们遗留在国内的家族成员将遭到族诛。对追随重耳的狐偃、赵衰、贾佗、胥臣等人来说，他们和重耳流亡在外十几年，祸福与共，生死与共，背叛重耳回国几无可能。因此限期回国令的颁布，主要目的恐怕还是借机全面清洗晋国内部残存的亲重耳势力，避免他们与重耳集团及秦国里应外合。这就不难理解为什么重耳的外公、狐偃的父亲狐突会首当其冲，沦为第一个刀下鬼——上回晋国内部的反对势力配合秦国，让子圉的父亲晋惠公在韩原之战中做了俘虏，狐突正是那场政治阴谋的关键连接点。

但大清洗后，子圉仍然没能将重耳拒于国门之外。公元前636年正月，秦穆公亲率大军送重耳东渡黄河，不费吹灰之力便夺取了河东三镇——令狐、桑泉和臼衰。三镇投降，国都震动，惊慌失措的子圉抢出绛邑北门，往高梁方向夺路逃命。而子圉派来阻击重耳的军队呢？他们一箭没放，就在秦国的高压下于二月宣布易帜，拥戴重耳为新君，抛弃了曾经效忠的少主。

短短一个月过后，晋国就改天换日，易了新主。对这桩大事件，孔子修撰的《春秋》是没有一字记载的。《左传》解释道，记载缺失的原因是"不告入也"（《僖公二十四年》）。也就是说，新即位的晋文公重耳没有将子圉被废、晋国易主这件事以正式的外交文件向列国通报。日本学者竹添光鸿就此分析道：

> 既不告入，则与在国嗣位者同。怀公在位日浅，算以夏正，则犹未逾年，仍是惠公之季年也。文公因不以怀公为君，而以惠公为让位于己者也。
>
> ——《左传会笺·僖公二十四年》

重耳根本不承认子圉的晋君身份，也不承认他自己的君位承自子圉。子圉之父晋惠公夷吾卒于公元前637年九月，此年是晋惠公十四年。因为子圉的继位，转过年来的公元前636年，本应成为"晋怀公元年"，而下一年即公元前635年才是"晋文公元年"。可是，由于重耳的"不告入"，"晋文公元年"在后世的史籍中被提前到了公元前636年，那个本应该出现在历史记载中的"晋怀公元年"遭到了无情的覆盖。这就意味着子圉不但被伯父重耳夺去了君位，像条丧家狗一样被刺死在高梁邑，甚至连他执政数月的痕迹也被重耳用刀从历史的青简中一一刮去了。这一局，子圉输得太惨，太惨。

军队不听子圉的号令，即便是他父亲的亲信吕甥、郤芮亲自压阵，照样组织不起有效的抵抗——晋军内部，投降重耳的声音太强了。可子圉明明已经铁腕清洗了重耳的党徒，又是什么人在强势发声,力挺重耳呢?

> 秦缪公乃发兵送内重耳,使人告栾、郤之党为内应,杀怀公于高梁,入重耳。重耳立,是为文公。
>
> ——《史记·晋世家》

晋国易主的三年之后,也就是公元前633年,晋文公重耳在被庐阅兵,扩编晋军为三军六卿,任命郤縠、栾枝分别担任中军和下军主将。联系到上文中司马迁所说"使人告栾、郤之党为内应",我们似乎可以推断挑头反对子圉的就是郤縠和栾枝,所以日后晋文公才会投桃报李,提拔他们为执政诸卿。但郤縠、栾枝既非追随重耳流亡的诸大臣,也不是他们留守国内的家族成员,为什么要力挺重耳呢?

《国语》记载,就在重耳抵达黄河西岸,东望晋国的时候,大夫董因受国内的亲重耳势力委派,前来接驾。重耳指着滔滔河水,饶有深意地问道:"吾其济乎?"这个"济"字,恐怕不能仅当作"渡河"讲。《三国演义》里说官渡之战时许攸叛变来投,曹操抚掌而笑,曰:"子远肯来,吾事济矣!愿即教我以破(袁)绍之计。"重耳的这句"济乎"怕是不能不带点儿这样的踌躇满志。但董因的回答或许更出乎他的意料。董因说:

> "济且秉成,必伯诸侯。"
>
> ——《国语·晋语四》

您不但能战胜子圉,执掌晋国,而且将来还要威服诸侯,称霸天下。董因的这番话与其说是一个史官对未来的预言,不如说是晋国的留守大臣们对重耳的期待。这也是他们要抛弃子圉,力挺重耳返国执政的原因——在他们看来,子圉那双稚弱的肩膀担不起这么沉重的历史使命。《左传》记载,当年晋惠公夷吾逃亡梁国的时候娶梁伯之女为妻,其妻怀胎十月而迟迟不能分娩。卜官招父和他的儿子被请来卜卦。后生卜问之后抢先预测道,定会生下一男一女。招父悠悠地叹了一口气,补充说,倒是不错,只可惜这双儿女注定将来为人奴婢。当初,本是为了厌压这不祥的预言,才给这个男孩起名为"圉"——"圉"就是牢狱之意,可谁知道一语成谶,这个孩子日后竟真的被父亲晋惠公送往秦国做了人质。子圉为质秦国的这段时间,是晋国历史上罕见的被秦国全面压制的时期,就连子圉的外家梁国也在这个时候被秦国吞并了。

梁国被灭,断了一臂之助的子圉更让老秦人瞧不起。如果他回晋国当了主子,那晋国恐怕就还得在老秦人跟前儿当奴才。要知道,在子圉的祖父晋献公执政时期,秦晋关系可不是这样的!那时的晋国不但对秦国保持着战略上的压制态势,即便放眼中原,也是姬姓诸侯中的最强者,左右天下格局的权重之一。可是子圉的父亲晋惠公战败韩原,这些战略上的优势丧失殆尽。当初他颁下罪己诏,请群臣扶子圉继位,晋国上下是抱着卧薪尝胆、一雪前耻的激愤应承下来的。可狡猾的秦穆公并没有杀掉晋惠公,倒逼晋国同仇敌忾,反而逼迫他签下割地质子的不平等条约,钝刀子割肉一般地磋磨掉了惠公父子乃至整个晋国朝野复仇的锐气。晋惠公是让老秦人踩在脸上窝囊以终的,而在秦国做了整整六年人质的子圉也照样是低眉顺目,委曲求全。要逆袭秦国,重振雄风,子圉绝不是领袖的人选,晋国上下能指望得上的只剩下素有贤名的重耳了。

因此,子圉搞不搞清洗,杀不杀狐突,对他和重耳的君位之争都不足以产生决定性的影响。八年前晋惠公遣他去秦国屈身为质的时候,晋国群臣对他的信心就已经在悄悄地流失。"外轻于秦"最终导致了子圉"无援于国",这场君位之争对他来说早已注定是一盘扳不回的死棋。

子圉死了,重耳十九年的流亡生涯终于画上了句号。十九年啊!漫长的漂泊,就像是走上了一条蜿蜒曲折的盘山路,怎么望也望不见尽头。但是,在公元前636年的这个拐角,命运却突然给了重耳柳暗花明的惊喜。他脱下流亡公子的粗褐,换上了晋文公的华服。终于等来弹冠相庆的时候了?还没有。因为就在晋文公重耳入主绛邑的次月,也就是公元前636年周历的三月十九日,一场来势汹汹的兵变爆发了:

> 怀公故大臣吕省(吕甥)、郤芮本不附文公,文公立,恐诛,乃欲与其徒谋烧公宫,杀文公。
>
> ——《史记·晋世家》

吕甥和郤芮本是晋惠公夷吾的心腹大臣，骊姬之难时力挺夷吾，为夷吾的返国执政立下过汗马功劳。惠公死后，二人又继续辅佐他的儿子晋怀公子圉。公元前636年正月，秦穆公率军护送重耳回国，吕甥和郤芮本是奉了怀公的命令率军前去截击的。可是前方刚一传出令狐等三镇沦陷的消息，怀公子圉就放弃国都绛邑，北逃高梁。身在前线的吕甥、郤芮不禁感觉一缕寒气顺着脊梁骨蹿了上来，他们让人釜底抽薪了。无奈之下，经由秦穆公的特使公子絷中介，吕甥、郤芮与重耳的代表狐偃达成妥协，宣布晋军易帜，改奉重耳为君。既然都已经投诚了，吕甥、郤芮为什么又要反叛？

> 吕、郤畏偪（逼），将焚公宫而弑晋侯。
>
> ——《左传·僖公二十四年》

> 于是吕甥、冀芮（郤芮）畏偪，悔纳文公，谋作乱，将以己丑焚公宫，公出救火而遂杀之。
>
> ——《国语·晋语四》

内、外两传不约而同地提到吕甥和郤芮是因为担心受到晋文公的逼迫，惧而起兵的。可晋文公又为什么要逼迫他们呢？难道仅仅因为他们二人是惠公、怀公父子曾经的心腹大臣吗？这恐怕说不通。吕甥、郤芮阴谋造乱的计划，晋文公本来一无所知，主动向他告密的是一个名叫勃鞮的宦官。要说到宿怨，那晋文公对勃鞮的仇恨可大了去了。想当年骊姬诬陷重耳参与了申生投毒弑君案,晋献公震怒,派兵讨伐重耳的封邑蒲城,正是这个勃鞮一马当先要杀死重耳。重耳越墙逃走,勃鞮追上去就是一刀。好险,只是斩下了重耳的袖子。后来晋惠公夷吾即位,派人前往渭滨刺杀重耳,领命的又是这个勃鞮。惠公勒令他"三天之内必须达成任务",可勃鞮太敬业了,仅用一日一夜便赶了过去。就是他一到,逼得重耳被迫离开居住了十二年的白狄,东赴齐国。这样一个仇人要求见晋文公,文公当然不会给他好脸色看。文公派使者传话,劈头盖脸地数落勃鞮的罪恶,末了拿狠话砸他,说:"你回去给我好好反思,想不清楚别来见我!"而勃鞮呢,面无愧色,反过来教训晋文公:我食君之禄,忠君之事,我有什么错啊?想当年管仲还曾经为了公子纠,一箭射中过齐桓公的带钩,桓公记过他的仇吗?还不是照样用他为相吗?我以为这么多年过去了,您这趟回来总该有点儿长进,谁承想还是那般见识。要照这样,只怕过不多久您又得流亡出去的。您要真不愿意见我也没关系,咱俩指不定谁先后悔呢!

让勃鞮的硬话苍儿生生顶了回来,晋文公反倒冷静了,捐弃前嫌,亲自出来迎接他,这才了解到吕甥、郄芮的兵变密谋。对待勃鞮的态度转变证明了晋文公不是没有容人之量。连勃鞮这样兵戎相见的仇家都可以一笑置之,难道晋文公就不能宽容吕甥和郄芮吗?

答案恐怕是:不能。但这个"不能"无关宿怨,而是吕甥、郤芮手上有一样东西让晋文公担惊受怕——兵权！如果我们通盘回顾一下吕甥和郤芮在晋国政坛的既往表现，不难发现这样一个事实：虽然吕、郤二人自晋惠公流亡返国之时便已身为谋主，影响了朝廷的许多重大决策，但直到公元前 645 年韩原大战的时候，史书中都没有吕甥、郤芮执掌兵权、参与作战行动的记载。可是这一回晋文公返国执政的时候，情况不一样了。统军出征，前来拦截文公的就是吕甥和郤芮。并且，当他们在公元前 636 年三月发动兵变的时候，已经预先得到了勃鞮线报的晋文公竟然无力组织抵抗，只得向西潜逃，借助秦穆公的力量来镇压叛乱。等叛乱平息，秦穆公又担心晋文公势单力薄，再赠送了三千人的卫队给他，以弹压潜在的反对势力。多年以后，穆公之子秦康公回忆起这段往事时曾说：

"昔文公之入也，无卫，故有吕、郤之患。"

——《史记·晋世家》

上述这些史实反映出，在晋文公返国执政的初期，他事实上指挥不了军队，兵权掌握在吕甥和郤芮这两个非嫡系大臣的手中。强臣弱主，太阿倒持，晋文公能不使点儿手段逼他们交权吗？

可吕甥和郤芮是从什么时候开始掌握兵权的呢？我以为，就是从韩原战败，晋国宣布"作州兵"的时候开始的。韩原大战，晋国之所以一败涂地，很大程度上要归咎于对晋惠公怀有愤恨的故太子申生一党串通秦国里应外合。因为申生乃是下军的创始领导人，彼时他虽已亡故，但他的旧部在晋军当中仍然具有举足轻重的影响力。韩原战败，固然大大挫伤了晋国的军事实力，甚至还让晋惠公蒙受了被俘的耻辱，但同时也给了晋惠公集团改组军队、攫取兵权的契机。在晋惠公因于秦国的那段时间，吕甥矫诏颁布了"作爰田""作州兵"两道重要的命令，将晋国采邑内原属于助耕性质的公室田产赏赐给世袭封君们，以此换取他们支持国家扩大征兵范围，将原本囿于国人的兵源拓展到州野的公邑和采邑。"作州兵"这个"以土地换人力"的征兵制度改革措施推行以后，有效地改变了军队原有的人员结构，这才让改革的设计者吕甥摇身一变，坐上了晋军统帅的位置。

客观地说，吕甥、郤芮都是政才难得的大臣。尤其是吕甥，在韩原战败后处变不惊、矫诏改制，短期内迅速恢复了晋国的军事力量。后来晋文公执政仅三年，便能在城濮一战破楚，问鼎霸业，其中吕甥的奠基之功不能抹杀。可惜的是，一朝天子一朝臣，这两位前朝留下的贤臣在晋文公的逼迫下称兵作乱，由于勃鞮泄密，兵变最终失败。吕甥、郤芮原计划逃亡河西，投奔秦国，却不料秦穆公早就被晋文公勾兑好了，单等着二人前来，将他们诱杀在了黄河岸边。于是乎两抔黄土，便轻轻掩埋了他们曾经的功业。

大约一个世纪之后，晋国又发生了箕遗、黄渊之乱，忧心忡忡的晋平公向大夫阳毕问策：该怎么做才能保证国家的长治久安呢？阳毕回答说：

> "图在明训，明训在威权，威权在君。君抡贤人之后有常位于国者而立之，亦抡逞志亏君以乱国者之后而去之，是遂威而远权。"

——《国语·晋语八》

要想国家长治久安，就一定要严肃朝廷的纲纪，强化君主的权威。可权威要怎么强化呢？无非还是靠着韩非子所说的"二柄"，也就是"德"与"刑"。杀戮之谓刑，庆赏之谓德。不能近贤远佞、黜陟有法，领袖的权威是立不起来的。一上台就要变动人事，对旧有的权力格局进行重新洗牌，这似乎已经成了晋国的某种政治惯例。晋惠公、晋文公、晋悼公，这些自外入主的新君无一例外都要循章办理，烧上这么一把火。晋惠公当年返国初政，手起刀落，结果了位高权重的里克、丕郑，而晋文公登基刚一个月，先朝重臣吕甥、郤芮就双双人头落地。现在吕、郤已死，又该由哪些人来填补空缺的职位呢？

回答这道题目，晋文公必须要慎重，再慎重。曾国藩曾经说过，官员的赏罚黜陟是君王一张嘴说了算的，但这赏罚黜陟的背后还有个公道在，这个公道可不是你一张嘴说了就能算的。想当初晋惠公自外返国，诛杀留守大臣里克、丕郑，重用亲信吕甥、郤芮，给满朝文武留下的是背信弃义、任人唯亲的恶劣印象，这直接导致了他与太子党也就是申生旧部的决裂。而内部分裂带来的连锁反应便是严重削弱了晋国的国际竞争力，别说挑战齐桓公的霸权了，就连原先相对弱势的西邻秦国都在韩原一战后踩到了晋国的头上，晋国武公、献公两代苦心经营的上升之势由此中断。吕甥、郤芮现在已经步了里克、丕郑的后尘，惠公、怀公一系的势力算是退出晋国的政治舞台了，但是追随晋文公流亡多年的功臣集团和力挺他返国执政的留守大臣这两派人物可都在瞧着晋文公呢。朝廷的官职爵禄就这么多，接下来该怎么分？按什么标准来分？要是这个标准制定出来让哪一边儿不能服气了，新一轮的分裂随时可能产生，到那时晋文公还能靠什么重塑晋国的大国地位，乃至问鼎霸业？霸业要是落了空，朝野寄予晋文公的希望就破灭了，那子圉众叛亲离的悲剧也就离晋文公不远了。

在这个重大决策甚至是生死抉择的当口，历史并没有留给晋文公太多思考的时间。晋文公二月登基，到了这一年的冬天，周襄王就将因为叔带之乱而出奔郑国。"尊王攘夷"本是称霸天下的必由之路，秦、晋两国同时收到了周襄王的勤王诏命，这意味着秦穆公和晋文公这两位霸主候选人很快将就"尊王"的政治题目展开第一轮直接竞争。晋文公不能领导一个分裂的晋国登场，他必须在初政的短短数月之内整合派系势力，巩固内部团结，把晋国捏成一只强拳。要是搁在以往，到了这样的紧要关口，晋文公一定会回头，将问计的眼神投向自己的首席谋士——舅父狐偃。但这一回,狐偃帮不了他的忙。非但帮不了他,甚至狐偃已经成了晋文公决策的绊脚石。

早在秦军护送重耳返国的途中,眼见大功告成的狐偃就在黄河渡口上动起了邀功请赏的心思:

> 文公元年春(公元前636年),秦送重耳至河。咎犯(狐偃)曰:"臣从君周旋天下,过亦多矣。臣犹知之,况于君乎?请从此去矣。"重耳曰:"若反国,所不与子犯共者,河伯视之!"乃投璧河中,以与子犯盟。
>
> 是时介子推从,在船中,乃笑曰:"天实开公子,而子犯以为己功而要市于君,固足羞也。吾不忍与同位。"
>
> ——《史记·晋世家》

狐偃说:"我也知道追随公子这么多年,我犯了太多过错。为了避免您秋后算账,咱们就此好聚好散吧。"狐偃真的要功成身退?不,他这是要晋文公一句保证,保证自己将来在晋国朝廷的地位。因此冷眼旁观的介子推毫不留情地戳穿了狐偃的伎俩,鄙夷地奚落他是在惺惺作态,名为谢罪隐退,实则预设言辞,邀功请赏。狐偃的话寓示着一个极其危险的倾向正在抬头,那就是追随晋文公流亡许多年的功臣集团,现在都巴望着功成名就,鸡犬升天。晋文公都还没坐上龙椅,许多大臣就在琢磨着抢印绶了!站在晋文公的角度想,这些人既是他共过患难的忠诚战友,又是今后执政的得力臂助,他们的要求文公不得不曲徇。但对天起誓，给狐偃一个保证，等于变相助长了功臣们的奔竞之风，这极有可能激化他们与国内的留守大臣之间的利益冲突。许多年以后，晋国的执政卿赵武谈起狐偃在黄河渡口上演的这出闹剧，仍然不屑地说：

"夫舅犯见利而不顾其君，其仁不足称也。"

——《国语·晋语八》

狐偃利令智昏，所幸的是，晋文公的身边还有一个冷静的介子推。但可惜的是，介子推人微言轻，又该怎么做，才能抵消狐偃对晋文公的消极影响呢？他只能选择急流勇退，隐身以死。介子推隐退后：

从者怜之，乃悬书宫门曰："龙欲上天，五蛇为辅。龙已升云，四蛇各入其宇，一蛇独怨，终不见处所。"文公出，见其书，曰："此介子推也。吾方忧王室，未图其功。"使人召之，则亡。遂求所在，闻其入绵上山中，于是文公环绵上山中而封之，以为介推田，号曰介山，"以记吾过，且旌善人"。

——《史记·晋世家》

对晋文公，介子推的心中是有怨气的。但有怨气不是因为晋文公没有酬报他的功劳，而是因为在功臣们纷纷争抢功劳的时候，晋文公没能及时做出正确的决策来遏制争斗。"下义其罪，上赏其奸;上下相蒙,难与处矣"(《左传·僖公二十四年》),介子推走了,用他的隐退来警醒晋文公,也警醒狐偃等一班陷入迷狂的功臣勋戚。还好,他的努力总算没有白费:

> 从亡贱臣壶叔曰:"君三行赏,赏不及臣,敢请罪。"文公报曰:"夫导我以仁义,防我以德惠,此受上赏。辅我以行,卒以成立,此受次赏。矢石之难,汗马之劳,此复受次赏。若以力事我而无补吾缺者,此复受次赏。三赏之后,故且及子。"晋人闻之,皆说。
>
> ——《史记·晋世家》

为了敲打手下的功臣们,告诫他们适可而止,晋文公拿追随自己多年的壶叔开刀,并借此公布了行赏的标准。这个标准饶有深意:受到第一等赏赐的不是追随晋文公鞍前马后,助他最终返国的功臣,而是从道德上给予他引导或劝诫的人。也就是说受上赏的标准不是"论功"而是"论德"。如果论功行赏,那晋文公的嫡系就会纷纷排在留守大臣们的前面。那样一来,留守大臣必然抱怨不公,双方势将对立。但是论德行赏,留守大臣就有机会与晋文公的嫡系分享胜利果实,弘扬仁义道德也有助于加强团结,抑制纷争。

从这个时候起,从龙功臣们的心态和口风开始渐渐扭转过来了。由于内部纷争得到了遏制,晋文公也得以抢在秦穆公的前面将周襄王迎回洛邑。到公元前633年,晋、楚两国即将在城濮展开争霸决战之前,文公举行"被庐之蒐"①,宣布扩编晋军为上、中、下三个军,以三军的正副长官也就是六卿为国家的核心领导层。在讨论六卿之首即中军元帅的人选时,文公身边的第二号谋士、从龙功臣赵衰主动提名了留守大臣郤縠,而在文公拟任赵衰为下军主将的时候,他又大度地将这个位置让给了留守大臣栾枝。受他的影响,原来满脑子充斥着争权夺利的狐偃也被迫谦逊了起来,将上军主将的位置让给了狐毛。于是晋文公执政之后的第一届六卿班底最终成形:

中军将(元帅):郤縠　　中军佐:郤溱

上军将:狐毛　　上军佐:狐偃

下军将:栾枝　　下军佐:先轸

这个名单的出台标志着晋文公最终促成了不同政治派系联合执政的局面。一个统一而强大的晋国即将南下中原,与楚争锋,开启一段充满光荣与骄傲的历史。虽然在这段历史中再不见了介子推的身影,但这位为晋国霸业奠基的隐士,直到现在还仍然"活着",活在每年清明寒食,山西老妈妈们捏成的"子推燕"里……

---

① 蒐,音搜,原是田猎的意思,这里指"大蒐礼"。大蒐礼是春秋时期,诸侯国借用田猎活动来组织军队、任命将帅、训练士卒的重要军事活动,又是当时推行政策、加强统治、准备战争的重要手段,甚至还具备了国人大会的性质,是一国最为重大和重要的国事与军事活动。

拾

从公元前 636 年回国即位,到公元前 632 年践土会盟,晋文公仅仅花费了五年时间,就为晋国开创了一份长达一个半世纪的春秋霸业。

这是一个历史的奇迹。

我们不妨将晋文公的这五年同春秋首霸齐桓公做个比较:

> 是时周室微,唯齐、楚、秦、晋为强。晋初与会,献公死,国内乱。秦穆公辟远,不与中国会盟。楚成王初收荆蛮有之,夷狄自置。唯独齐为中国会盟,而桓公能宣其德,故诸侯宾会。
>
> ——《史记·齐太公世家》

司马迁说当年齐国图霸的时候,晋国才刚开始参与中原盟会,旋即因为晋献公的离世陷入内乱,无力过问中原事务;秦国僻处西方,中原盟会它并不参与;至于楚国,那时楚成王的主要精力还在威服南方小国上头,而且由于楚国文化自成体系,与中原礼制隔阂甚深,中原诸侯根本不承认楚国是他们当中的一分子。并世三大国,各有各的麻烦,于是领导中原诸侯的责任当仁不让地落到了齐国的肩上。

这就是说,齐桓公的霸业是在没有强大的竞争对手的情况下实现的，饶是这样，他也用去了整整七年的光阴。

半个世纪过去了，当晋文公登上春秋争霸的舞台时，他所面临的挑战可远比齐桓公当年艰巨。因为在公元前632年出兵争霸之前，晋文公的争霸对手楚成王距离霸业只有一步之遥了。

还在公子重耳离开齐国，踏上返国之路的时候，楚成王已经在泓水取得了对宋作战的决定性胜利。宋国失败，使得原本已经威服郑、许、陈、蔡等国的楚国势力进一步向北扩张。楚成王不但娶卫文公之女为妻，与曹国通好，还迫使宋襄公的继任者宋成公臣服于楚国。

将这些中原小国悉数收入囊中之后，楚成王开始对内乱不已的东方大国齐国出手。公元前634年，鲁国与齐国交恶，请求楚国给予军事援助。楚成王趁机派遣大将申侯领兵伐齐，夺取了齐国的穀城，并就地扶植齐桓公的儿子公子雍成立傀儡政权，修筑起进一步攻齐的桥头堡。在军事高压的同时，楚成王还适时地辅以政治分化，将因内乱而逃往楚国避难的七位齐国公子全部任命为上大夫，意图双管齐下，威服齐国。

一旦齐国在楚国的强大压力下屈膝称臣，那么楚国的霸主地位就再没有人能够撼动。争霸，对晋文公来说就是一局扳不回的死棋。

可是，历史虽然把这盘棋的先手赐予了楚成王，却也为晋文公留下了最后一个"做眼"的机会，这个"眼"便是宋国。

就在齐、楚交兵的那个夏天，令楚国始料不及的事情发生了：原本屈服于楚国的宋成公见晋国日益强大，利用他父亲宋襄公当年厚遇流浪公子重耳的这段渊源，改换门庭投靠了晋国。宋国一旦脱离楚国的控制，势必会削弱楚国对更北方的齐国的力量投送。因此公元前633年冬天，楚国纠集陈、蔡、郑、许，五国联军包围宋都商丘。宋国大司马公孙固被迫到晋国求援。

要不要出兵援宋呢？如果不出兵，商丘迟早被楚军攻破，楚国将更添声势，晋国则会因为见死不救而信誉扫地。但如果出兵援宋，就意味着要在中原与楚国迎头对撞，面对这个如日中天的南方大国，晋国有必胜的把握吗？

当晋文公就援宋与否召集群臣廷议的时候，先轸朗声说道：

"报施定霸，于今在矣！"

——《史记·晋世家》

击溃楚国，成就霸业，在此一战！今天回看这段历史，先轸的自信是有道理的。对城濮之战前的晋、楚形势，多数人都会注意到楚国在军事上的显著优势。的确，在晋文公的治下，晋国才获得了短短三四年的稳定时期，而楚成王已经领导楚国在争霸的道路上前行了四十年。以新兴的晋国去单挑树大根深的楚国，恐怕力有不逮。

但胜负的筹码并不都在楚国一方。两强争霸，楚国的优势是军事，晋国的优势是外交。在春秋四大国中，秦国现在已经是晋国的盟友。而齐国呢，当年重耳奔齐的时候，曾经与齐国公室联姻，又在齐国一住五年，这些都会成为齐、晋两国结盟的催化剂。

一旦晋国与齐、秦结盟，形成了联手制楚的局面，军事上的劣势就会得到根本扭转。

为了实现这一战略目标，狐偃提议：

"楚新得曹而初婚于卫。若伐曹、卫，楚必救之，则宋免矣。"

——《史记·晋世家》

狐偃建议说，不要将军队直接开赴宋国解商丘之围。因为长途远征，疲于奔命的晋军将在商丘对阵以逸待劳的楚军，自己的侧后方还会遭受楚国的盟国卫国与曹国的威胁，形势太不利了。不如发兵攻卫，围卫救宋。

这样做，一方面可以调动楚军主力北上，自己反客为主；另一方面又可以打通黄河两岸，建立起与齐国的联系。

正是按照狐偃的这个建议，晋军从南河秘密渡河，突袭卫国的五鹿，并进军敛盂。攻克敛盂之后，晋文公随即与齐昭公举行了盟会，齐、晋两大国正式结成同盟关系。两大国结盟，对卫国形成东西夹击之势，卫国的亲楚政权立时崩溃，晋文公兵不血刃就占领了卫国，并进而攻破曹国都城陶丘，俘虏了曹共公。

一切似乎进行得很顺利。但是晋国拿下曹、卫之后，狐偃当初的战略预想只是部分地达成了：虽然晋国成功地打通了与齐国的联系，争取到了这个盟友，但楚军主力并未受到晋军的调动，他们对宋国的攻势更急了！这时，宋国再一次向晋国发出了求援信号。

多年流亡的苦难经历造就了晋文公"临事而惧，好谋而成"的稳健风格。手握着宋国十万火急的求援信，他不无忧虑地说：

"宋人告急，舍之则绝。告楚不许。我欲战矣，齐、秦未可，若之何？"

——《左传·僖公二十八年》

楚军既然不受调动，晋军只能南下援宋，否则宋国将折入楚国的麾下。但是在没有得到齐、秦两大国明确支持的情况下单挑楚国，晋国的胜算仍是不大啊。如何是好？这时先轸向晋文公献计说：

"让宋国以割地为筹码向齐、秦两国请求援军。而我们则将攻占的曹、卫两国土地分给宋国作为补偿。这样一来，齐、秦两国一定会被绑到我们的战车上。"

齐国历来的对外战略都是控制鲁、宋，西进中原。而秦穆公之所以与晋国结盟，目的就是想搭上这趟顺风车，过问中原事务。对他们来说，宋国的求援来得可正是时候。

齐国和秦国决定接受宋国的求援，出兵参战，楚国在这场争霸战争中就变成了以一敌三，形势急转直下。审时度势的楚成王当即下令放弃齐国的穀城,命楚军统帅子玉撤离宋都商丘,自己则率军龟缩于申,以确保后方的安全。

楚成王实施全面战略收缩的决定是正确的,但遗憾的是这个正确的命令,统帅子玉却拒绝执行,因为他希望用一场胜利来压服国内同僚对他的质疑。将在外,君命有所不受。楚成王既然不能阻止他开战,只好限制他的兵力使用,以防止这个刚愎自用的将军在战场上输光楚国的家底儿。

子玉面对的形势变得更加严峻:他是以一人敌三国。当他率军向北方的曹国都城陶丘逼近的时候,晋文公适时地选择后撤城濮,诱敌深入。部将纷纷劝说子玉不可追击,但他却像一个红了眼的赌徒那样固执己见,最终酿成了楚国在城濮的大败,子玉自己也背负着战败的屈辱,含恨自裁。

城濮大战的失利推倒了多米诺骨牌,楚国原先的附属国曹、卫、郑等纷纷叛逃,投入了晋国的麾下。楚国自公元前642年以来苦心经营了十年的中原格局全盘崩溃。

而在那厢,周都洛邑却在举行盛大的进献楚俘的仪式。战车一百辆,徒兵一千人,当晋文公恭敬地向周天子献上这些战利品时,周天子终于正式将"伯"的称号授予了晋文公。这个一生奋斗不息的政治家终于在六十六岁的老境超越了他曾经仰望的齐桓公,将自己响亮的名字书写在了历史的青简之上。

赵氏兴起

壹

公元前661年，晋献公亲御戎师，接连吞灭霍、魏、耿三个诸侯小国，为晋献公御戎（驾驶战车）的赵氏首领赵夙因为伐霍立功，被赐予耿邑，正式成为晋国的大夫。耿邑正当黄河的西岸，监临蒲津关上游的少梁渡。这里是晋国防御秦人东侵的最前线，战略地位十分重要。

赵氏本为嬴姓，与秦拥有共同的祖先。殷商时期，由于与殷人的亲近关系，嬴姓迅速壮大，成为当时的天下著姓之一。嬴姓后裔中滴受殷商王朝的派遣去了西疆，负责保卫边境的安全（"在西戎，保西垂"）。周武王兴兵灭商之际，中滴之子、嬴氏部落的首领蜚廉"为纣使北方"，当他南下赶回朝歌的途中便听到了殷商灭亡的消息，于是自裁殉国，葬于今天山西境内的霍太山。蜚廉死后，他的孙子孟增投效了周朝并受到周成王的宠幸，时人号之为"宅皋狼"。皋狼是一个古地名，故址在今山西太原市以西，中阳县以北。宅于皋狼，说明蜚廉的后人长期定居于此。而他们最初应该就是跟随奉了殷纣王之命的蜚廉来到这里的。当武王伐纣之时，远在西北的嬴氏部族还没来得及南下朝歌、勤王保驾，殷纣就已经葬身于鹿台的劫火之中了。于是英勇善战的嬴氏部落从此便在山西这块地方扎下根来。

与殷商太过密切的政治联系使得嬴姓部族融入西周新政权的过程步履维艰。周武王伐纣灭商之后不久，便溘然长逝。嗣君周成王姬诵年龄太小，在西周肇建、天下未定的纷乱情形下根本镇御不住潜在的反对势力。于是武王之弟周公旦毅然决定摄政当国，代行天子之权，但这却招来了管叔、蔡叔两位宗亲对他阴谋篡位的猜疑。管、蔡二叔为反对周公旦，联合殷纣王的儿子武庚禄父发动叛乱。《逸周书·作雒解》记载，除"三监"（即管叔、蔡叔和武庚）治下的殷商遗民投入叛乱之外，徐、奄以及熊盈都参与其中。徐、奄二国俱是嬴姓，而"盈"据林剑鸣先生《秦史稿》所考，就是"嬴"，这说明嬴姓部族曾经大规模地卷入"三监之叛"，是仅次于殷人的暴动主力。也因此，在周公平定叛乱之后，嬴姓部族遭到严厉的惩处也就成了势所必然的结果。

历史文献中并未明确记载蜚廉的后人是否也参与了这场叛乱，但三监之叛以后，蜚廉的部族也分了家。其子季胜的后裔留在了山西，而另一个儿子恶来的后裔则迁往了关中。参考陈槃先生在《春秋大事表列国爵姓及存灭表撰异》中提出的研究结论——殷商方国郑国的遗民曾在三监之叛后被迁往了陕西华县（今渭南市华州区），以便于西周王朝监控，我大胆地做一个推测：恶来的这一支后裔可能也是在类似的情形下被迁往关中的。

虽然被一分为二，散落在黄河的东西两侧，但这两支部族后来在周朝的发迹竟然出奇地相似。司马迁说：

> 皋狼生衡父，衡父生造父，造父以善御幸于周缪王。得骥、温骊、骅骝、騄耳之驷，西巡狩，乐而忘归。徐偃王作乱，造父为缪王御，长驱归周，一日千里，以救乱。缪王以赵城封造父，造父族由此为赵氏。

——《史记·秦本纪》

又说：

> 非子居[西]犬丘，好马及畜，善养息之。犬丘人言之周孝王，孝王召使主马于汧、渭之间，马大蕃息。……于是孝王曰："昔伯翳为舜主畜，畜多息，故有土，赐姓嬴。今其后世亦为朕息马，朕其分土为附庸。"邑之秦，使复续嬴氏祀，号曰"秦嬴"。

——《史记·秦本纪》

在周穆王和周孝王时期，蜚廉的两支后裔先后被赐予封邑，封在陕西秦邑的那一支正是千古一帝秦始皇的先祖，而封于山西赵城的那一支则是赵氏的先祖。

值得注意的是，秦之与赵，之所以获得周天子的册封，都是因为擅长养马，也就是说迟至西周中后期，他们仍是以游牧为主要经济特征的部族。当时，农业已经在西周王畿以及众多的中原诸侯国中成为绝对的产业主流，秦、赵两支嬴姓部族却依然保持着原始的游牧特征，大概是因为自殷商时代起，嬴氏部族就长期身处边疆，战斗在中原王朝与少数民族冲突的第一线，中原文明的发展对他们的辐射作用有限，而戎狄的习俗却潜移默化地迟滞了他们向农耕文明转型的脚步。

虽然乍一看起来，秦、赵两支部族的发展已经滞后于中原文明的进程，但恰是这一点才凸显出他们在周天子眼中不可替代的重要价值：中原王朝对少数民族的战争离不开马匹和兵车，而秦、赵两族不但擅长养马，长期与戎狄杂居的经验更使得他们熟悉这些少数民族的作战方式，因此要挑选抵御戎狄的急先锋，秦、赵实在是再合适不过的人选了。根据《史记·秦本纪》的记载，到周宣王时期，秦人首领秦仲被封为西垂大夫，受命攻击西戎。而《赵世家》则说，赵氏首领公仲则在周宣王讨伐姜戎的千亩之战中充任了天子的御者。这一仗周军虽然惨败，但因为公仲英勇善战，周宣王侥幸逃过了一劫。

《左传·定公四年》中曾经提到，当初周公平定三监之叛后，将一部分殷商遗民分化瓦解，由姬姓封君们带去了封国。鲁国分到了"殷民六族",卫国分到了"殷民七族",而晋国则分到了"怀姓九宗"。可赵氏明明身在山西,近于晋国而远于王畿,但周天子却没有将其赐予晋国,而是直属于自己的领导,这便不难看出赵氏独特的战略和军事价值。

时间逐渐地推移,随着周幽王的上台和西周王朝的没落,赵氏最终还是脱离周天子,投入了晋国的麾下:

> 叔带之时,周幽王无道,去周如晋,事晋文侯,始建赵氏于晋国。

——《史记·赵世家》

西周覆灭,赵氏另寻宗主,这是嬴姓发展历史上的一桩重要事件。从这时起,秦、赵两家在政治立场上的对立便逐渐取代了曾经的血缘之亲。

赵氏为什么投奔晋国?我想这首先是由晋国在当时的政治地位决定的。春秋时期的著名政治家子产说过:

> "周室少卑,晋实继之。"

——《国语·晋语八》

周室东迁、王权衰落之后,晋国作为姬姓诸侯中的强者,是有那么点争做姬姓诸侯大家长的野心的:城濮之战前,晋文公思报楚成王的旧恩,栾枝提醒他说,汉阳诸姬已被楚国悉数吞并,晋国不可思小惠而忘大耻(事见《左传·僖公二十八年》);崤之战时,秦军偷袭郑国未果,回师途中灭了姬姓滑国,先轸又一次以"灭我同姓"为由力主对嬴秦开战(事见《左传·僖公三十三年》)。这两件事都证明,晋国有意要主动承担保护姬姓同宗的国际责任。从宗法制度上说,所有的姬姓诸侯都是周天子的"儿子",本应由强壮的父亲来加以保护,可父亲如今年迈体衰,有心无力了,那么家里留下来的这一摊子事儿,顺理成章地要由长子来负责张罗。"春秋霸主"的这个"霸"字,原本就是"伯",即长子的意思。晋国对芈姓楚国和嬴姓秦国发动的战争,其间都不乏显示自己长子之尊的用意。

晋国这个长子并非一朝一夕成长起来的。它最初的壮大实实在在是因为接收了西周的政治遗产,尤其是收编原属于周天子直接统率的世姓世官。晋文公执政时期坐镇中央的十一家晋国显姓当中,董氏家族原先就是周天子的属僚。而与董氏家族相似,赵氏家族也同样是自周投晋的。

时势造英雄,赵氏没有秦人的好运气。秦人趁着幽王驾崩、西周丧乱的空当,竭尽全力地抢占处于权力真空期的关中地区,不但成功地跻身诸侯之列,甚至一跃成为关中地区的最强国。但赵氏身在晋国的卧榻之侧,没有扩张的空间,周室衰微后只得主动寻求与晋国的联合。好在"晋居深山,戎狄之与邻,而远于王室,王灵不及,拜戎不暇"(《左传·昭公十五年》),晋国习戎倒与赵氏游牧养马的特征不谋而合,双方的联合也就因此成了水到渠成的事情。

投奔晋国一个多世纪以后，赵氏等来了一代英主晋献公。

贰

赵夙因战功而被晋献公封于耿邑，这本该是一件标志着赵氏家族正式崛起于晋国的里程碑事件。但恰恰是在这里，传世文献对晋国赵氏的历史叙述出现了非常严重的混乱：

> 晋献公之十六年伐霍、魏、耿，而赵夙为将伐霍。霍公求奔齐。晋大旱，卜之，曰"霍太山为祟"。使赵夙召霍君于齐，复之，以奉霍太山之祀，晋复穰。晋献公赐赵夙耿。
>
> 夙生共孟，当鲁闵公之元年也。共孟生赵衰，字子余。
>
> ——《史记·赵世家》

这段记载结束时提到的"赵衰"是晋国赵氏真正意义上的兴家之祖。因为追随晋文公鞍前马后、劳苦功高，赵衰去世前已经高升到晋国六卿中排名第二的中军副将的位置。而他的儿子赵盾此后更是凭借父荫一跃而为中军元帅，执掌晋国国柄长达二十年之久，在朝说话的分量甚至比晋君还重。因这父子二人的关系，晋国赵氏也从一个寂寂无闻的大夫家族摇身一变成为权焰熏天的世卿大族。

赵衰与赵夙究竟是什么关系？司马迁说是祖孙，即赵衰是赵

夙的第二代传人。对此,纠谬《史记》最得力的清朝学者梁玉绳在他的《史记志疑》一书中写道:

> 案《晋语》,赵衰,赵夙之弟,故《左传·文六年》称"成季"。韦昭曰:衰,公明之少子。杜注《左传》亦从《晋语》云"夙,赵衰兄"。则夙与衰皆共孟子。公明、共孟,音相近,其实一人也。此误从《世本》。而《索隐》引《世本》,谓公明生共孟及夙,夙生衰,尤误。

梁玉绳认为司马迁错误地理解了赵夙与赵衰之间的关系,他的主要依据是《国语》。《国语》当中对赵衰的身份是这样记载的:

> 赵衰,其先君之戎御赵夙之弟也。
>
> ——《国语·晋语四》

赵衰是赵夙的弟弟。写作《史记》时多次参考过《国语》的司马迁不可能没看过上述记载,但他坚持不予采用。之所以不用,原因大约是这样的:赵氏封耿是"赵夙"这个名字最后一次出现在《左传》当中。此后,不但赵夙再没有被《左传》提及,甚至他的封邑"耿"也与他一起消失在了《左传》的叙述当中。如果我们承认赵夙和赵衰是兄弟关系,那他们的年龄必然相去不远,为什么此后《左传》中再没有了赵夙的影子呢?赵夙既是赵衰之兄,又是经晋君封赐的大夫,理所当然地也是赵氏家族的族长。可为什么此后赵氏家族的族长换作了他的旁系亲属赵衰？对这个大、小宗易位的原因，司马迁没办法做出合理的解释。因此，为了回避上述两点疑惑，司马迁采纳了《世本》的其中一种记载，将赵夙和赵衰的关系处理为祖孙（《世本》流传下来的另一种记载则是父子，《左传》研究专家杨伯峻先生即主此说）。

无论是祖孙还是父子，《世本》系统指认赵夙与赵衰为直系亲属关系的确可以解释赵夙为什么在《左传》里"突然失踪"——江山代有才人出。赵夙去世了，该他的儿子或孙子赵衰登场了。但如果我们将这个人物关系同《史记》当中的相关记载进行比对，将会滋生更多的疑问，而这些疑问恐怕司马迁更难自圆其说。在提出这些疑问之前，我首先应该指出，前文中引述《赵世家》的这一段文字"夙生共孟，当鲁闵公之元年也。共孟生赵衰，字子余"应该存在着错简的情况。"当鲁闵公之元年"的原位应该在上一段"晋献公赐赵夙耿"之后，而不当在"夙生共孟"之后。也就是说赵夙生下儿子共孟的时间不可能是"鲁闵公元年"。因为鲁闵公元年也就是晋献公十六年（公元前661年），假设此时赵夙之子共孟出生，截至公元前651年（晋献公二十六年）晋献公去世，共孟不过是一个十岁的小孩子。而《左传》《国语》《史记》都明确记载赵衰在晋献公生前就投奔公子重耳，成了他的属僚。一个十岁的孩子怎么可能养出一个成年的儿子来呢？

司马迁依据《世本》将赵夙与赵衰的兄弟关系修改为"祖孙"的时候，似乎忽略了一点，那就是《魏世家》中所载晋国魏氏的家族传承史也是在这一时期出现了与《赵世家》同样的混乱，而司马迁却没有对它进行补缀：

> 毕万封十一年，晋献公卒，四子争更立，晋乱。而毕万之世弥大，从其国名为魏氏。生武子。魏武子以魏诸子事晋公子重耳。晋献公之二十一年，武子从重耳出亡。十九年反，重耳立为晋文公，而令魏武子袭魏氏之后封，列为大夫，治于魏。生悼子。

——《史记·魏世家》

赵、魏两家都是公元前661年由晋献公亲封的异姓大夫。魏武子魏犨作为跟随公子重耳流亡国外的功臣之一，与赵衰的家世、身份有着高度的相似性。需要特别指出的是，司马迁明确记载魏犨投奔重耳之前的身份是"魏诸子"。所谓诸子，也就是非嫡长子的意思。这意味着对魏氏的封邑，魏犨是没有继承权的。恰恰因为他没有继承权，光脚的不怕穿鞋的，他才敢孤注一掷，跟随重耳流亡国外。可蹊跷的是，流亡十九年后，返国执政的晋文公重耳居然要指定没有继承权的魏犨来继承魏氏家族的封邑和封爵。那么原来的法定继承人，也就是魏犨的那位嫡长兄又去了哪里呢？他岂不是也跟赵衰的哥哥赵夙一样莫名其妙地消失了吗？

或许有人会就此提出质疑：魏犨既然是从龙功臣，晋文公掌权之后投桃报李，任命他取代原来的嫡子，成为魏氏家族的新族长不是顺理成章的事情吗？原来的嫡子失势下台，泯然众人矣，《史记》又何必记载呢？如果我们稍微了解一下春秋时期家族管理和宗法制度的基本常识，就会明白上述猜测不可能成立。朱凤瀚在《商周家族形态研究》一书中说：

> 由于宗法等级关系的长期存在，特别是宗子之权如此之重，致使当时家族成员中仍保持着比较浓厚的宗族观念。此种观念在族长与族人之间有不同的表现。对于族长是以护族庇家为己任，对于族人，则以不损害家族利益为守则，而尤以维护宗子统治为最重要之信条。

在宗法观念非常强烈的春秋时期，宗子也就是族长对家族事务拥有很重的话语权。即便是国君或者执政也不能撇开族长，强行插手世家大族的内务。《左传·昭公元年》记载了这么一个故事：

郑国的两位公族子弟公孙楚与公孙黑同时看上了大夫徐吾犯的漂亮妹妹。公孙楚手快一步，抢先下了聘礼。不甘落败的公孙黑倚仗强权，硬逼迫女家把他的聘礼也收了下来。一个女儿嫁两家，二位公孙因此激起械斗。械斗中公孙楚操戈击伤了公孙黑。郑国的执政卿子产依据国法量刑，要将公孙楚流放远方。但在流放之前，子产还得专程跑一趟，去征询公孙楚所属的游氏家族的族长游吉的意见。得游吉点过头了，这个流放的决定才能作数。

处理一个普通的家族成员，当朝执政尚且如此谨慎，如果要径直换族长，那更不得不慎之又慎。

依据《左传》的相关记载，变更族长必须经过非常严格的审批程序：变更申请应由原任族长主动提出，且须经过国君批准方才具备法律效力。如果家族内部并未主动提出更换族长的申请，那么国君大概只能在一种情况下任命新族长，就是这个家族之前因为某种原因遭遇过打击，族长或有罪，或亡故，为了延续这个家族的香火，国君被迫任命新族长。晋国历史上，反叛过晋文公的郤氏家族和下宫之难后的赵氏家族，其新任族长郤缺和赵武就是在这种情况下由国君直接任命的。

从晋文公任命魏犨为新族长的记载推断，魏氏家族此前曾经遭遇过重大变故。而与他相似的赵氏家族可能也有过类似的经历。赵氏的原任族长、赵衰之兄赵夙应该是在这次变故中死去的。那么，这个变故又是什么呢？《左传·僖公二十三年》载：

> 九月，晋惠公卒。怀公命无从亡人，期，期而不至，无赦。

公元前637年，公子重耳的兄弟晋惠公夷吾去世。在秦国为质的夷吾之子子圉潜逃回国，继位为君。为了防止秦国利用公子重耳来威胁自己的君位，子圉执政后下达的第一道命令就是要求所有跟随公子重耳流亡国外的大臣必须限期返国。如果逾期不回，他们留在国内的家族成员将遭到族诛。由于狐氏家族的两位重要成员狐毛和狐偃都追随重耳在外，狐偃更是重耳身边的首席谋士，因此他们的父亲、留守国内的大夫狐突就首当其冲，成了子圉的诛杀对象。

狐氏家族既是晋国公室的同姓，又与公室联姻，尚且遭到如此严酷的惩罚，赵、魏两个素无根基的异姓家族就更没法扛住子圉的高压了。因此我推断，赵衰之兄赵夙和魏犨的嫡长兄都是在这次的大清洗中丧生的。赵、魏两家为效忠晋文公做出了牺牲，致使原有的家族结构遭到破坏，所以晋文公执政后便任命赵衰和魏犨两位功臣出任两家的新族长。这样一来，赵衰这个原本的旁支从此扶正为赵氏家族的嫡传，而赵夙幸存的子孙则沦为侧室。关于这一点，我们只要看看后来赵衰之子赵盾和昆弟赵穿的关系就明白了。

对赵衰来说，赵夙的死是一把双刃剑。因为赵夙之死，赵衰获得了取代大宗、出任族长的机会，但赵氏家族的政治资历原本就嫌太浅，再经此一劫，家族所能给予赵衰的政治支持就更趋单薄。

从晋文公执政之后政府班底的组成情况看，邀请晋文公返国执政的留守大臣较之追随文公的流亡大臣占据着一定的优势，具体表现在三军六卿的人选上：中军和下军的指挥权分别被郤氏、栾氏两个留守家族把持，只有上军的指挥权落到了流亡大臣狐毛、狐偃的手中——这并不奇怪，因为流亡大臣的家族既曾遭到过子圉的重创，元气未复，自然无法与毫发无伤的留守大臣相抗衡。而在流亡大臣内部呢，那些家族历史更久远、家族背景更深厚的人较之他人又要领先一个身位。这样算下来，我们看到的结果就是，赵衰和魏犫不但无法跻身六卿之列，甚至都挤不进组成晋国中央政府的十一家贵族名单：

　　（晋文公执政后）胥、籍、狐、箕、栾、郤、柏、先、羊舌、董、韩，实掌近官。

——《国语·晋语四》

此刻，摆在赵衰这个新任赵氏族长面前的形势是非常严峻的：他既要面临留守大臣的挤压，又要同曾经携手流亡的战友们竞争。腹背受敌，赵衰是怎样步步高升，把赵氏家族发扬光大的呢？

叁

晋文公执政之初，赵衰在晋国的官僚体系中究竟居于何种地位？司马迁在《史记·赵世家》中写道：

　　重耳为晋文公，赵衰为原大夫，居原，任国政。文公所以反国及霸，多赵衰计策。

在这里，司马迁的叙述又一次出现了荒腔走板的失误。原邑远在太行山以南的河内，距离晋都绛邑路程颇远。假设赵衰此时主持国政，他自当身在国都，怎么可能被远远地发配到原邑去呢？远离国都而能遥秉朝政的实例，历史上有没有呢？也有，比方说曹操。曹操执掌东汉政权的时候就曾长年定居邺城，遥控远在许都的汉献帝。但你能想象赵衰有这么大的能量，遥控得了晋文公吗？

赵衰在什么时候，又为什么去了原邑？《史记·晋世家》载：

> （公元前633年）于是晋作三军。赵衰举郤縠将中军，郤溱（溱）佐之；使狐偃将上军，狐毛佐之，命赵衰为卿；栾枝将下军，先轸佐之；荀林父御戎，魏犨为右：往伐。冬十二月，晋兵先下山东，而以原封赵衰。

这段短短的文字记载中出现了两处失误。

首先，晋国实行的是军政一体的政治体制，军队的高级将领也同时是政府的领导人。从公元前633年被庐阅兵作三军六卿起，三军的正副长官便一直是政府的执政卿（当然，执政卿的数量并不固定为六人，此后晋国一度扩编三军为五军，则执政卿由六位增至十位）。上文明明已经清晰地罗列了第一届晋国六卿的名单：

中军将：郤縠　　中军佐：郤溱

上军将：狐偃　　上军佐：狐毛①

下军将：栾枝　　下军佐：先轸

当中没有赵衰的名字，可司马迁仍固执地认为赵衰此时就是主持国政的大臣，于是硬生生地在六卿人选中插入一句"命赵衰为卿"。不登三军将帅之位而被任命为卿，在晋国的历史上我只看到过仅有的一例：

（公元前627年）反自箕，襄公……以一命命郤缺为卿，复与之冀，亦未有军行。

——《左传·僖公三十三年》

公元前627年，下军大夫郤缺被晋文公的儿子晋襄公任命为卿，这时五军十卿中的上军将和新上军将其实是出缺的，但襄公没有将这两个职位中的任何一个实授郤缺，郤缺顶着空名，做了一个指挥不了军队的散卿。这个特殊的安排背后有深刻的原因：郤缺的父亲郤芮曾经是晋惠公夷吾和晋怀公子圉的心腹，在晋文公即位之后发动过对晋文公的刺杀行动，失败受诛，所以文公父子对郤缺有所保留，不敢轻率地授予他兵权。但用这个特例来比附被庐之蒐时赵衰的处境并不合适，被庐之蒐的时候三军六卿满编满员，且赵衰和晋文公又有连襟之亲，显然不同于后来的郤

---

① 《左传》记载，狐偃将上军主将的位置让给了狐毛。详后。此以《史记》记载列表。

缺。赵衰是否任卿，真实的情况是这样的：

> 及使郤縠将中军，郤溱佐之。使狐偃将上军，让于狐毛，而佐之。命赵衰为卿，让于栾枝、先轸。使栾枝将下军，先轸佐之。荀林父御戎，魏犨为右。
>
> ——《左传·僖公二十七年》

被庐之蒐时，晋文公确曾有意命赵衰出任下军主将，但赵衰主动将这个位置让给了留守大臣栾枝。这一点，《国语·晋语四》的记载也可作旁证：

> 公使赵衰为卿，辞曰："栾枝贞慎，先轸有谋，胥臣多闻，皆可以为辅佐，臣弗若也。"乃使栾枝将下军，先轸佐之。

无论赵衰此时让出卿位的动机是什么（关于他的动机问题，我们将在下文分析），但事实都一样，那就是赵衰并未在公元前633年登上执政六卿的位置。

其次，司马迁说"以原封赵衰"，意思是原城是赵衰的封邑。可杨伯峻先生为《左传》作注的时候却说原邑此时并非赵衰的封邑，而是直属于国君的县邑，赵衰不过是担任了原县的县宰而已。究竟他俩谁说的是事实？

我个人倾向于赞同杨伯峻先生的意见。原邑是公元前635年由周襄王赐予晋国的领土，这座城邑在晋国的历史上很可能经历过由县邑到封邑的归属变化。《左传·僖公二十八年》记载：

> （公元前632年）二月，晋郤縠卒。原轸将中军。

"原轸"也就是"流亡五大臣"之一的先轸。《左传》此时称呼他为"原轸"，意味着原邑被赐予了先氏家族，所以先轸才能以封邑为号。晋文公要封赏先轸，只能拿出公室直接掌握的土地，而不可能将别家大夫的封邑转赐给先轸。因此，公元前635年赵衰出任"原大夫"只能被视作受任原县县宰，而不能认为是获封原邑。到公元前596年，先轸的曾孙先縠勾结赤狄侵犯晋国，先氏家族遭到族灭，原邑也被晋君收回。收回的原邑后来又被晋君赐予了赵衰之子赵同——故《左传》称其为"原同"。辗转两次易手后，原邑才终于成为赵氏的家族产业。《国语》径呼"赵衰"为"原季"，或是因"原同"之称而致误，或是赵氏后人对先祖的追尊。

公元前635年，原邑刚刚被并入晋国的时候，为何任命赵衰为首任原县县宰？《左传》说，这源于勃鞮的建议：

> 晋侯问原守于寺人勃鞮，对曰："昔赵衰以壶飧从，径，馁而弗食。"故使处原。
>
> ——《左传·僖公二十五年》

这段话的意思是，晋文公向勃鞮征询意见，第一任原县县宰由谁出任为好？勃鞮提醒文公，赵衰作为流亡大臣的一员，颇有功劳,此时却还未获奖掖,不如让他出任原县县宰。勃鞮是不是真的出于酬报功臣的好心才建议让赵衰出任原县县宰的呢?我以为未必。《国语·晋语四》载:

> 胥、籍、狐、箕、栾、郤、柏、先、羊舌、董、韩,实掌近官。诸姬之良,掌其中官。异姓之能,掌其远官。

这段记载非常重要,因为它简明扼要地勾勒出了晋文公初政之时晋国的权力结构特征:官分三等,中央政府由胥氏、籍氏等十一家世袭贵族联合执政,尚未分宗的公室子弟则留在宫廷中负责国君的亲近事务,挤不进这两个名单的官员才会被任命为地方官吏。《左传·僖公二十五年》载:

> (公元前635年)赵衰为原大夫,狐溱为温大夫。

作为留守大臣之一的勃鞮向晋文公举荐赵衰出任原县县宰,等于将他放逐出国都,排挤于十一家贵族之外。需要特别说明的是,赵衰之所以遭到排挤,与他的姓氏无关。因为执政十一家贵族中的董氏与赵氏一样,也是异姓贵族。赵氏不能享受与董氏相同的待遇,怪只能怪赵氏家族在晋国政坛的根基太浅。

原县邻于温县。与赵衰同时被任命为温县县守的狐溱是流亡功臣、上军主将狐毛的儿子。赵衰本是追随晋文公流亡国外的功臣集团中的一员,身份同于狐毛,可此时论功行赏,却要降格一等,只能享受与狐氏家族的儿子辈相等的待遇,赵衰在晋国朝廷中是个什么分量,再没有比这更真实的写照了。

从上述分析不难看出，《史记》对公元前635年前后赵衰在晋廷的地位缺乏准确的描述。司马迁的认识之所以偏差这么大，原因很可能是受到后世晋国文献的影响。因为赵衰的儿子赵盾曾经担任晋国的中军元帅长达二十年之久，赵氏在那以后的很长一段时间内都是晋国首屈一指的政治豪门。后人扬眉吐气，自然要极力歌颂先祖的功劳。而旁人追忆前史，又不免因赵家的煊赫声势而混淆了视听，拔高了赵衰的历史地位。比如，赵衰去世的一个世纪后，晋国大臣叔向回忆文公一朝政治时说：

> "我先君文公，狐季姬之子也，有宠于献；好学而不贰，生十七年，有士五人。有先大夫子余（赵衰）、子犯（狐偃）以为腹心，有魏犨、贾佗以为股肱。"
>
> ——《左传·昭公十三年》

在叔向的"记忆"里，赵衰不但是晋文公的心腹大臣，而且是排名超越狐偃的天字第一号心腹大臣。从文公初政，狐偃任上军副将、赵衰任原县县宰这尊卑悬殊的任命看，叔向所言显然并非事实。可狐偃之子狐射姑后来因与赵衰之子赵盾争夺中军元帅一职失败，被迫逃亡国外，狐氏家族从此没落，剩下赵氏一家独大。儿子们的胜负反过来影响到老子们的历史地位也跟着掉了个个儿。这样曲解前史的谬误被司马迁写进了《史记》，直到今天仍然对历史学界的晋国史研究发生着负面的影响。比如2015年出版，由李孟存、李尚师二位先生合撰的《晋国史》就还囿于

《史记》的见解，认定赵衰是晋文公集团中仅次于狐偃的"二号人物"。

一人践祚，鸡犬升天。赵衰在文公初政、论功行赏的时候遭遇了如此不公平的对待，与他有连襟之谊的晋文公为什么不站出来说句公道话呢？我认为这里头可能有两方面的原因。首先是追随晋文公的功臣集团离开晋国的时间太长了，而他们留在国内的家族成员又曾遭到过前任晋君即晋怀公子圉的残酷清洗。虽然这些人忠心耿耿，但他们对晋国政坛的影响力相对有限，比不上国内的留守大臣们。在利益分配时不向留守大臣做出适度倾斜，晋文公难以稳定政局，尤其难以有效地控制军队。其次，原县和温县虽然远，但从地缘战略上看，却是晋军南下太行，通向王畿的咽喉要道。晋文公要称霸天下，就必须接过齐桓公那杆"尊王攘夷"的大旗。而只有牢牢控制住东周王畿，晋国才有资格举起这面旗帜。既然原县、温县如此重要，晋文公当然得委派两位政治忠诚、精明干练的大臣坐镇两地。所以勃鞮提名赵衰出宰原县，虽然明晓得他可能有排挤赵衰，为留守大臣腾地方的私心，晋文公还是顺水推舟地同意了。

其实，对于晋文公身边的流亡功臣们来说，被国内的留守大臣压制是他们在返国之初所遭遇的普遍困境。在家族势力拼不过对方的情况下，流亡功臣要想成功逆袭，只能想方设法，力争主导晋国朝政的未来走势。而历史在这里也的确给他们提供了机会:晋文公在执政的第二年抢先于秦国出兵,戡定叔带之乱,勤王立功;在执政的第五年又击败楚军于城濮,真正成为继齐桓公之后的又一位春秋霸主。晋文公的争霸事业发展得如此迅速,为他运筹帷幄、建言献策的智囊们自当借此东风,青云直上。而这其中蹿升最快、最先脱颖而出的流亡功臣便是先轸。

> 冬,楚子及诸侯围宋。宋公孙固如晋告急。先轸曰:"报施、救患、取威、定霸,于是乎在矣。"
>
> ——《左传·僖公二十七年》

楚成王于公元前633年发兵围宋,乃是引爆晋、楚城濮大战的导火索。在讨论如何应对楚国的御前会议上,先轸第一个发言,力主对楚开战。鉴于楚国强大的军事能力,出兵之前,晋文公将晋军由上、下两军扩编为上、中、下三军。原本先轸只是被任命做了下军副将,居于六卿之末,可转年之后,他却骤然升官了:

> (公元前632年)二月,晋郤縠卒。原轸将中军,胥臣佐下军,上德也。
>
> ——《左传·僖公二十八年》

晋军南下攻楚,出师不利。军队刚刚跨出国门,中军元帅郤縠就去世了。可是担任中军副将的郤溱并没有依次递补,接过中军元帅的帅印。反倒是下军副将先轸越级超擢,火箭式地蹿升到了中军元帅的位置上。六卿之中排名第六的先轸凭什么压倒排名第二的郤溱,接任中军元帅呢?《左传》的解释是"尚德"。言下之意,如果论资排辈,绝轮不到先轸来坐这第一把交椅。那么先轸又有何德何能,使他越级晋升呢?

> 二十八年春,晋侯将伐曹,假道于卫。卫人弗许。还,自南河济,侵曹、伐卫。正月戊申,取五鹿。
>
> ——《左传·僖公二十八年》

在郤縠去世的前一个月,晋军打响了城濮之战的前哨战,首战的目标是要攻占亲楚的诸侯国卫国的黄河渡口五鹿,以便打通与东邻齐国的联系。这个作战计划是谁制订的?《国语·晋语四》载:

> 取五鹿,先轸之谋也。

这就是说,先轸不但是第一个表态要伐楚定霸的晋国大臣,而且他还为此制订了详细的作战计划并成功付诸实施。晋军南下攻楚既是按照先轸的作战方案在行动,中军元帅郤縠猝然辞世,临危受命、主持大局的人选还有谁能比先轸更合适呢?主导了城濮的作战行动,就等于主导了晋军的指挥权,先轸正是凭借这一点,压倒郤溱等留守大臣,一跃成了晋国的首席执政卿。

不过,先轸可能没有料到,他虽然成功地上位中军元帅并在城濮一战扬名,但战后论功行赏,头功却让另一位流亡大臣狐偃

给拿了去:

> 晋侯度河北归国。行赏,狐偃为首。或曰:"城濮之事,先轸之谋。"文公曰:"城濮之事,偃说我毋失信。先轸曰'军事胜为右',吾用之以胜。然此一时之说,偃言万世之功,奈何以一时之利而加万世功乎?是以先之。"
>
> ——《史记·晋世家》

狐偃凭什么压过先轸,夺得城濮之战的头功呢?与先轸在军事上的天纵英才不同,狐偃是一位思想深邃、高瞻远瞩的政治家。城濮之战,晋军的确是按照先轸的战役部署和作战计划取得了最终的胜利,但这场胜利只是晋国争霸的总体战略设计中的最后一个环节而已。为晋国设计出这一整套争霸战略的人正是狐偃:

> 晋侯始入而教其民,二年,欲用之。子犯曰:"民未知义,未安其居。"于是乎出定襄王,入务利民,民怀生矣。将用之。子犯曰:"民未知信,未宣其用。"于是乎伐原以示之信。民易资者,不求丰焉,明征其辞。公曰:"可矣乎?"子犯曰:"民未知礼,未生其共。"于是乎大蒐以示之礼,作执秩以正其官。民听不惑,而后用之。出谷戍,释宋围,一战而霸,文以教也。
>
> ——《左传·僖公二十七年》

对争霸问鼎这件事，晋文公的愿望极其迫切。毕竟六十即位，时不我待。在执政的第二年，他就打算有所行动。但遗憾的是，文公本人没能将争霸的迫切愿望转化为周详缜密、可以付诸实施的行动计划，而这一点恰恰是狐偃帮助他完成的。狐偃告诉晋文公，要想实现称霸的终极目标，必须逐步在晋国国民中建立起三个毫不动摇的信念：

头一个信念是"义"。古人说，行而宜之之谓义。换作今天的白话说，义要解决的是我们要往哪个方向去的问题，建立起奋斗的目标和方向来。自齐桓公以降，诸侯争霸都在尊王攘夷的政治逻辑下运行，所以要让全民了解晋国尊王的政治意义，最好的办法莫过于出兵勤王，助周襄王戡定叔带之乱。

建立起奋斗目标之后，第二个要贯彻的信念是"信"，也就是政策的执行力和权威性的问题。要让晋国朝野相信，国君法令如山，言出必践。公元前635年攻击原城，晋文公下令所有士兵只带三天口粮。如果原城能扛住这三天的进攻，咱们就撤退。三天之后，原城还死挺着。文公下令撤军。部下劝阻他说，再等上一两天，原城就快挺不住了。但晋文公不同意——拿下一个小小的原城却让晋国的信誉受损，以后谁还听我招呼？撤！结果晋军北返，还没翻过太行山，原城倒主动来投降了。

原城投降，国民知信。义、信立起来以后，狐偃对文公说，你要建立的第三个政治信念是"礼"。换言之，就是完善组织制度,让国家的行政机构有条不紊地运转起来。这样国君才能如臂使指,通过上下官吏的逐级执行而将政令贯彻到底。为了实现这一点,晋文公举行被庐阅兵,建立起了后世晋国一直沿用的三军六卿制度。

狐偃不但通过倡议"三个信念"为晋国的争霸事业做好了前期的政治准备、组织准备,而且到了城濮战场上,他的政治眼光和思想还继续影响着晋军的作战行动:

> 子玉怒,从晋师。晋师退。军吏曰:"以君辟臣,辱也;且楚师老矣,何故退?"子犯曰:"师直为壮,曲为老,岂在久乎?微楚之惠不及此,退三舍辟之,所以报也。背惠食言,以亢其雠,我曲楚直,其众素饱,不可谓老。我退而楚还,我将何求?若其不还,君退、臣犯,曲在彼矣。"退三舍。

——《左传·僖公二十八年》

城濮之战,晋军退避三舍的故事广为流传。可是从《左传》的上述记载来看,退避三舍的决定主要不是基于军事而是基于政治上的考虑。在晋文公下令退军的时候,有军官反对说,楚军师老兵疲,我们以逸待劳,凭什么要退?而且君上亲临战阵,望见楚将子玉的旗帜居然要退却回避,晋国的脸面和体统又放在哪里?面对这些军事头脑的质疑,狐偃反驳说,战争不仅是打消耗,打补给,更是打道义。道义让我们占住了,胜算才能攥在我们手里。退避三舍,君上报了楚成王当年的一饭之恩。子玉要是胆敢追击君上,以臣犯君,以卑凌尊,他在道义上就会输个干干净净。

从今天的战争逻辑来看,或许有人会觉得狐偃在战场上讲道义、论尊卑是迂腐的书生之见。但我要在此特别说明的是,赤裸裸的弱肉强食,那是战国以后才兴起的战争逻辑。至于春秋时期,战争还是在礼法观念的约束下进行的,政治意义往往大过军事意义。就以城濮之战为例,楚军虽然在城濮遭遇失利,但在战场上损失掉的仅仅是右翼的陈、蔡盟军和左翼的申、息县师,至于战斗力最强悍的中军即若敖六卒几乎完好无损。更别提此战楚军根本就没有派遣全部主力部队参战。早在决战打响前,楚成王就率领他的直属部队退回申县去了。所以城濮战后,楚国并不是因为军力遭到重创,而是因为国际地位和政治影响力下降,才被晋国夺走霸主之位的。

政战为上,兵战为下。正是因为春秋战争的这一特点,战后论功行赏,晋文公才会说先轸劝我"以军事获胜为先"只不过成一时之功,狐偃的政战伐谋才是万世长策。

对先轸和狐偃来说,晋文公的称霸之路,也就是他们俩在晋国政坛的晋升之路。可是流亡功臣并不都像先、狐二位这么精明强干。也有那样的人,他不花心思去琢磨如何扬长避短,施展自己的军政长才以建功立业,反而像个穿开裆裤的孩子一样喋喋抱

怨晋文公忘恩负义,对流亡功臣太过冷遇。这些人里头最典型的反面教材就是魏犨和颠颉:

> 三月丙午,(晋文公)入曹……令无入僖负羁之宫,而免其族,报施也。魏犨、颠颉怒,曰:"劳之不图,报于何有?"爇僖负羁氏。魏犨伤于胸。公欲杀之,而爱其材。使问,且视之。病,将杀之。魏犨束胸见使者,曰:"以君之灵,不有宁也!"距跃三百,曲踊三百。乃舍之。杀颠颉以徇于师。

——《左传·僖公二十八年》

城濮之战的前哨战打响后,晋军攻入曹国。为了报答曹国大夫僖负羁从前对自己的恩德,晋文公重耳下令不准军士登门骚扰僖负羁和他的族人。没想到,这么一道简简单单的命令却惹恼了魏犨和颠颉两位流亡功臣:什么?报答僖负羁的恩德?他僖负羁不过是在当年君上流亡路过曹国的时候提醒曹侯要以礼相待,私下又赠送了君上一餐饭食。这点儿小恩小惠你就记得,我们陪着你鞍前马后,流亡十九年,你怎么不记得呢?怎么没见你报答我们呢?为了表达对晋文公的愤怒,魏犨和颠颉故意违抗军令,一把火烧了僖负羁的宅子。

魏犨、颠颉愚蠢地选择在曹国纵火以表达自己的委屈之情,干扰了晋军的总体作战行动,结果是颠颉被处决,以儆效尤,魏犨则因为晋文公的一念之仁而侥幸捡回了一条命。

颠颉、魏犨一死一伤。尤其是魏犨这位被冷落的异姓功臣，他的凄惨遭遇更是时刻警示着与他身份相同、处境相仿的赵衰。论将才，赵衰比不过先轸；论政才，他又赶不上狐偃。魏犨已经在争功上位的道路上踩虚了脚，跌了下去，他赵衰又该怎么办呢？

此时赵衰所面临的局面其实比魏犨还要复杂。因为他不但和魏犨一样，陷于朝中流亡功臣与留守大臣的派系之争，他自家的内务也出现了类似的问题。当初追随重耳逃亡到白狄的时候，赵衰娶了戎狄女子叔隗为妻，还生下了赵盾等两个儿子。等到文公返国执政之后，又为他娶了一门亲，生下了赵同等三个儿子。流亡在外的叔隗母子和居守国内的赵姬母子，他们的关系岂不也像朝廷里的两派纷争一样难处吗？这又该怎么办呢？

旧剧《雍正王朝》里讲过这么一个小故事：

有老爷子生了一大群儿子。慢慢地，老爷子老啦，这么大的一个家当总得交给一个儿子来管吧。可钥匙只有一把，儿子却有一大群，儿子们争得你死我活，不可开交。这时只有一个儿子，他很精明啊，从不去争这把钥匙，只是默默地替老爷子干事。有一天老爷子终于想明白了，就把这把钥匙交给了那个不争的儿子。

这个"争是不争，不争是争"的道理，是夫人赵姬身体力行，教给赵衰的：

> 狄人归季隗于晋,而请其二子。文公妻赵衰,生原同、屏括、楼婴。赵姬请逆盾与其母(叔隗),子余(赵衰)辞。姬曰:"得宠而忘旧,何以使人?必逆之!"固请,许之。来,以盾为才,固请于公,以为嫡子,而使其三子下之,以叔隗为内子,而己下之。
>
> ——《左传·僖公二十四年》

赵姬不顾丈夫的反对,执意要将叔隗母子接回家里来住,而且还将原属于亲子的嫡长子名分让给叔隗之子赵盾,甚至还一度提出连正室夫人的身份也可以一并让给叔隗(当然,最后这一点其实并未实行)。根据西晋学者杜预为《左传》所做的注释,赵姬是晋文公的女儿。她这样一让再让,主动调和家庭矛盾,我不确定其中是否有晋文公的某种授意,但聪明的赵衰显然从里头看出了门道:对全力以赴争夺霸权的晋文公来说,此时最需要的就是政治的团结,朝局的稳定。无论流亡功臣是像先轸、狐偃那样去争夺权力,还是像魏犨、颠颉那样去争夺权力,争夺始终都是党派对立、朝局分裂的隐患。在这种时候,流亡功臣中得有人站出来表现一种谦退的姿态,抑制住甚嚣尘上的权力之争。做到这一点,就是对文公霸业最大的支持!

因此,赵衰选择了一条与先轸、狐偃完全不同的上位之路:

从公元前633年到公元前629年,赵衰一再辞让晋文公对他的任命,眼看着诸卿之位在别人手里流转,赵衰却始终低调谦逊，不为所动。聪明而务实的政治姿态为赵衰赢得了满朝文武的交口赞誉，大家都说他像冬日里的暖阳那样和蔼可亲。而晋文公对赵衰的牺牲与付出也是看在眼里，记在心里的。到公元前629年赵衰三辞卿命之后，晋文公特意为他一人之故改革军制，将晋军原有的三军六卿扩编为五军十卿，第一个被扩编进诸卿名册的人就是新上军的主将——赵衰。

从公元前629年登上诸卿之位，到公元前622年去世，赵衰一路晋升，最终遗憾地死在了中军副将的任上，一步之遥，未能升任主持国政的中军元帅。但是他的谦退哲学却为赵氏子孙留下了丰厚的政治遗产。赵衰在步步崛起的过程中不但维持了赵氏一门与先氏、狐氏等政治豪门间相对融洽的合作关系，还通过奖掖后进的办法扶植了一批未来将影响晋国政治进程的亲信势力，这其中最有名的就是晋襄公的老师阳处父。

阳处父早年为了谋官，曾经一度尝试去走世卿狐偃的门路。可狐偃既是文公的舅父，又是他的首席谋士，那架子可大呀，生生晾了阳处父三年。阳处父无奈，只得改换门庭，来投赵衰，谦和的赵衰三天之内就把事儿给他办成了。到公元前621年，狐偃、赵衰作古之后，文公之子晋襄公要在夷地举行军演，复位三军六卿的人选，本来中军元帅的位置已经定了由狐偃之子狐射姑出任，可这个时候已经贵为晋襄公太傅的阳处父念起狐偃的旧恶，执意要襄公更换中军元帅，把恩主赵衰的儿子赵盾给推了上去。赵盾挤掉狐射姑，出任中军元帅，成为晋国政坛一人之下的显赫人物。赵衰当年辛苦耕耘播下的种子，如今总算是瓜熟蒂落，结出了丰硕的成果。

赵盾专权

壹

公元前 622 年。

在晋国的历史上,这绝对是一个不寻常的年份。就在这一年,追随文公开创晋国霸业的四位重臣——赵衰、栾枝、胥臣和先且居几乎同时辞世。四卿殒殁之后,晋国原有的五军十卿将星散尽,那段让人倍感骄傲的光荣岁月也随着文公君臣的作古缓缓落下了大幕。但是,对文公之子、晋国的现任国君晋襄公来说,他却没有缅怀与追忆的余暇。眼下晋襄公必须立即着手遴选新的执政团队,否则晋国残缺的政治中枢就将陷入瘫痪的境地。很快,朝廷里传出消息,晋襄公将在来年春天举行大蒐礼,缩编五军十卿,恢复为城濮战前三军六卿的旧制。此刻朝野上下最关心的是六卿之中最重要的两个职位——中军元帅和中军副将由谁出任,偏是这个问题迟迟没有定论。也正是这个悬而未决的疑问,引出了晋国历史上最为吊诡的一幕宫斗大戏。

根据《左传》的相关记载,晋襄公原本属意的中军主帅是士縠,而中军副将呢,他打算任命大夫梁益耳。但是当晋襄公把这个初拟草案拿出来请大臣们讨论的时候,已故中军主帅先且居的儿子先克却表示反对,他提醒晋襄公说:

"狐、赵之勋,不可废也。"

——《左传·文公八年》

狐、赵指的是先君晋文公的两位信臣狐偃和赵衰。先克的意思是,如果不让狐、赵两家的"官二代"坐上中军将、佐的位置,那就等于否定了这两大政治家族为国家立下的赫赫功勋。这番话的分量太重了。照先克的逻辑推演下去,不让狐、赵出任中军将、佐,就是废弃两家的功勋,而废弃这两家的功勋,就有可能开罪追随晋文公的整个功臣集团,包括先克背后的先氏家族。这么大一片雷区,晋襄公能安步当车地平趟过去吗?不能啊!所以,到了第二年春天正式举行夷之蒐的时候,晋襄公宣布更定中军元帅,改由狐偃之子狐射姑接任,而中军副将一职则落到了赵衰的儿子赵盾头上。

原以为晋国的这一轮权力大洗牌到此该算尘埃落定了,谁想到闹剧才刚刚开始。夷之蒐过后没几天,在晋襄公的老师、太傅阳处父的强力推动下,晋国又在董地重兴大蒐礼,而这一次董之蒐的目的居然只有一个,那就是要将狐射姑和赵盾担任的中军将、佐职务对调，把赵盾扶上中军元帅的位置。中军元帅乃是朝廷首辅，任命首辅大臣这么严肃的事儿怎么能朝令夕改、说变就变呢？先前的两位中军元帅人选中，士縠时任司空，并在公元前625年代替晋襄公主持过垂陇会盟，颇有资历；而狐射姑是晋文公的表亲，论辈分，晋襄公得叫他一声叔叔。这有资历的不用，有血缘之亲的也不用，偏偏把赵盾这个原先没在朝廷里露过脸的后生推上首辅的位置，晋国这是作的什么妖呢？

疑雾重重的夷之蒐是一个分水岭，将晋国的历史拦腰截作两段。在此之前，文公、襄公两代霸主统治下的晋国君明臣贤、尊卑有序；而在此之后，国家却突然陷入赵氏专权的困境，并且这个卿权压倒君权的痼疾此后还一直困扰着晋国，直至将它拖入三家分晋、万劫不复的终局。究竟这两段看起来截然不同的历史是循着怎样隐秘的政治逻辑、历史规律而在夷之蒐这个转折点上进行接续的呢？要剖析夷之蒐的种种谜团，我们还得从赵盾的父亲，赵氏的兴家之祖赵衰那儿说起。

在晋国的历史上，赵衰有"三让卿命"的美誉，传说他曾经三次辞让了晋文公提拔他为执政卿的任命，这个记载至今还保存在《国语》当中：

（第一让）文公问元帅于赵衰，对曰："郤縠可，行年五十矣，守学弥惇。夫先王之法志，德义之府也。夫德义，生民之本也。能惇笃者，不忘百姓也。请使郤縠。"公从之。

公使赵衰为卿，辞曰："栾枝贞慎，先轸有谋，胥臣多闻，皆可以为辅佐，臣弗若也。"乃使栾枝将下军，先轸佐之。取五鹿，先轸之谋也。

（第二让）郤縠卒，使先轸代之。胥臣佐下军。公使原季（赵衰）为卿，辞曰："夫三德者，偃之出也。以德纪民，其章大矣，不可废也。"使狐偃为卿，辞曰："毛之智，贤于臣，其齿又长。毛也不在位，不敢闻命。"乃使狐毛将上军，狐偃佐之。

（第三让）狐毛卒，使赵衰代之，辞曰："城濮之役，先且居之佐军也善，军伐有赏，善君有赏，能其官有赏。且居有三赏，不可废也。且臣之伦，箕郑、胥婴、先都在。"乃使先且居将上军。

公曰："赵衰三让。其所让，皆社稷之卫也。废让，是废德也。"以赵衰之故，蒐于清原，作五军。使赵衰将新上军，箕郑佐之；胥婴将新下军，先都佐之。

——《国语·晋语四》

根据上述记载，赵衰第一次辞让卿命是在公元前633年的被庐之蒐上。要知道，这次大蒐礼遴选的可是晋国自确立三军六卿制以来的首届六卿班底，能够入选这六人名单该是多么大的殊荣。原本晋文公打算任命赵衰担任六卿中排名第五的下军主将，但赵衰拒绝了，他主动将这个位置让给了栾枝。考虑到此时城濮之战已经迫在眉睫，而赵衰所属的流亡功臣与栾枝所属的居守旧族这两大集团势力之间又存在着政治利益的争夺，赵衰的主动避让显然有加强内部团结、合力争夺中原霸权的积极意义。

至于赵衰第二次辞让卿命，《国语》说是在中军元帅郤縠去世的时候，也就是被庐之蒐过后两三个月的事。这一次晋文公拟任赵衰为上军主将，而他又将上军的指挥权让给了狐毛、狐偃两兄弟。关于这第二让，我坚定地认为《国语》的记载严重失实。至于理由，主要是两点：

首先，狐偃是晋文公的舅父和首席谋士，是流亡功臣集团中最擅权心烈的人物。公元前636年，晋文公在秦穆公的武装护卫下返国执政，脚都还没跨过黄河，狐偃就急不可耐地要求晋文公务必给他一个保证，返国之后同享富贵。晋文公无奈，只得投璧于河，誓言共荣共辱。这份保证晋文公可从来没给过除了狐偃之外的第二个人。因此文公遴选六卿的时候，赵衰的候选顺序不可能排在狐偃前边，当然也就轮不到他来"让"狐偃。

其次，根据《左传》和《史记》的记载，狐毛、狐偃两兄弟被任命为上军将、佐就是在被庐之蒐上，晋文公是先向狐毛、狐偃授职，然后才提出让赵衰担任下军主将的。也就是说当赵衰第一次将下军主将之位让给栾枝的时候，狐偃已经先行坐到了上军副将的位置上，赵衰又哪儿有机会再来让狐偃一回呢？因此，赵衰这所谓的第二让应属虚构。

在《国语》虚构的第二让之外，另有不少历史学者提出赵衰在被庐之蒐以后还错失过另一次登上卿位的机会。《左传·僖公二十八年》载：

> （公元前632年）晋侯作三行以御狄。荀林父将中行，屠击将右行，先蔑将左行。

对于上面这段记载，李孟存、李尚师二位先生所撰《晋国史》解释道：

> 城濮之战胜后归国，晋文公在原两行的基础上另建"三行"，结果荀林父将中行，屠击将右行，先蔑将左行，仍然没有安置赵衰。此时赵氏的地位和实力似乎不及中行氏。直至前629年，晋文公决意在他临死之前报答赵衰十九年的从亡之劳，于是大蒐于清原，把"三行"改为上、下新军，赵衰为新上军将，箕郑佐之；胥婴将新下军，先都佐之。晋国由六卿增至十卿，赵衰才有幸登上卿的台阶，位居第七。

在晋军扩编三行的时候，赵衰没能出任三行长官，被视为他第二次错失上位为卿的重要机会，这种观点在以往的历史研究中颇有代表性。但这个观点在很大程度上仍是可疑的，因为它对晋国军制的结构和变化存在着一定程度的误解。所谓"行"究竟是一个什么性质的军事单位呢？西周王朝封建的诸侯国，在政治体制和军事体制上往往仿照周天子的现成模板进行建设。根据《周礼·夏官·虎贲士》的记载，周天子直接指挥的军事力量除西六师和殷八师等野战部队之外，另有一支由奴隶主贵族组成的禁卫军，称为"虎贲"。而各诸侯国仿效周制建立的军队中也普遍存在类似虎贲的禁卫军，称为"公行"。《诗经·魏风·汾沮洳》说"美如英，殊异乎公行"。郑玄解释道，所谓公行，就是"从公之行，主君主兵车之行列"。现存史料显示，晋国的公行早先是由"七舆大夫"负责指挥的。《国语》甚至详细地记载了晋献公时期的七舆大夫名单，包括共华、贾华、叔坚、骓歂、纍虎、特宫、山祁七人。这支晋国的禁卫军被分为两部，即左行和右行，故《左传·僖公十一年》说"左行共华，右行贾华"，也就是说七舆大夫中的共华和贾华两位分任左、右两行的长官。

晋国的左、右两行应该与楚国的禁卫军即东、西两广一样，都属于建制单位。参考楚军的建制，一广拥有兵车十五乘，那么晋国的公行该是一支什么规模的部队，我们约略可以推想。公行长官即七舆大夫的职位并不高，根据《左传》和《国语》的记载，共华、贾华等七人都要接受中大夫里克的节制，因此他们可能只是下大夫而已。即便两行后来扩编为三行，三行长官从行政级别上也无法同指挥三军的六卿等量齐观，他们之间差着好几级官阶呢。

至于公元前629年晋文公扩编三军为五军，新上军和新下军更不可能是整编三行而来。因为春秋时代的所谓"军"根本就不是严格意义上的建制单位，没有额定兵员数量。晋国在公元前632年的城濮之战中投入了七百乘兵车，分为三个军，到公元前589年的鞌之战时投入了八百乘兵车，照样分为三个军。既然"军"连建制单位都不算，又怎么谈得到整编三行为上、下新军呢？三行怎样编入三军参与作战行动，我们可以参考城濮之战时楚国的案例：当时楚国三军的组成，右军是陈、蔡两盟国的从属军队，左军是申、息二县的县师，至于中军，它的主力由令尹子玉的族兵即若敖六卒充任，此外还包括了楚成王的禁卫军西广以及太子的东宫卫队。这就是说禁卫军编入三军中的哪一支参与作战行动是临机处置的，不存在"行"和"军"相互替换的组织形式。

晋国究竟实行三军制还是五军制，本质上不是一个整编军事力量的问题，而是一个分配高层领导权力的问题。也就是说保留三军六卿还是五军十卿，考虑的主要因素是国君究竟想把多少位大臣放到执政卿的领导岗位上。《国语》说"以赵衰之故，蒐于清原，作五军"，这句"以赵衰之故"证明了公元前629年秋天，晋文公举行清原之蒐，作五军，不是为了扩编军队，而是为了将以赵衰为首的四位大臣扩编进执政卿的行列。

赵衰的"三让"中真正为儿子赵盾将来成为晋国首辅种下福因的是第三让，而这一让的时间应该就在赵衰担任新上军主将之前不久。

赵衰的这一让,乍一看非常蹊跷。根据《国语》的记载,清原之蒐前不久,上军主将狐毛去世了,晋文公打算让赵衰接替狐毛的职位。这一回,赵衰仍是辞让了晋文公的任命,但他举荐的候任人选居然是此前名不见经传的先且居。先且居是时任中军元帅先轸的儿子,在接任上军主将之前,他的名字甚至都没有在《左传》《国语》和《史记》中出现过——发现了吗?这和后来赵衰之子赵盾横空出世,突然接任中军元帅的情景如出一辙。这究竟是历史的偶然巧合,还是人为的暗箱操作呢?

要回答这个问题,我们首先得分析赵衰举荐先且居的动机究竟是什么。我个人的看法,此时的赵衰已经不再是第一次让贤时那个顾全大局、一心为国的社稷之臣了,他开始流露出结党营私、抢班夺权的私心。

上军主将狐毛去世之后,如果按照循阶提拔的思路,排名在狐毛之后的三位执政卿即上军副将狐偃、下军主将栾枝和下军副将胥臣显然都比先且居更有资格接替狐毛的职位。赵衰为什么放着这三个人不推荐,偏要推荐先且居呢?他自己给的说法是:

"城濮之役,先且居之佐军也善,军伐有赏,善君有赏,能其官有赏。且居有三赏,不可废也。"

——《国语·晋语四》

赵衰说先且居之前以佐军的身份参加了城濮会战,立了三份功劳:第一是在军中服役,能胜任本职工作;第二是为君上的事业带来了帮助；第三是城濮之战我军获胜，这里边也有先且居的贡献。狐偃曾经说过，"吾不如衰之文也"（《国语·晋语四》），要论舌绽莲花、嘘枯吹生，连文公的首席谋士狐偃在赵衰面前都自叹弗如。赵衰为先且居编织的这所谓"三赏"其实说的都是一件事：先且居是在城濮会战时立过战功的人。把一份功劳套了三件"马甲"端上来请赏，赵衰对先且居的粉饰难免让人不堪、不齿。那先且居在城濮又立过什么战功呢？还好秉笔直书的史官为我们留下了与赵衰质证的依据：

> 己巳，晋师陈于莘北，胥臣以下军之佐当陈、蔡。子玉以若敖之六卒将中军，曰："今日必无晋矣。"子西将左，子上将右。胥臣蒙马以虎皮，先犯陈、蔡。陈、蔡奔，楚右师溃。狐毛设二旆而退之。栾枝使舆曳柴而伪遁，楚师驰之，原轸、郤溱以中军公族横击之。狐毛、狐偃以上军夹攻子西，楚左师溃。楚师败绩。子玉收其卒而止，故不败。
>
> ——《左传·僖公二十八年》

这是《左传》对城濮之战当日战况的详细记录，从这里我们看得到下军副将胥臣的当先冲锋，看得到下军主将栾枝的诱敌深入，也看得到上军副将狐偃的有力配合，但先且居在哪里？若论战功，这三位父行辈的老臣子无疑都要排在先且居之前，赵衰为什么视而不见？

咱们不妨逐一进行分析。首先是对栾枝。赵衰之所以不再像被庐之蒐时那样礼让栾枝，多半是因为城濮战胜后楚国施予晋国的外部压力已经大大减轻，流亡功臣不再需要与居守旧族联手应对外部威胁了，所以他们转而在政治上打压后者。晋国政坛的这一点风向转变，最明显的证据是被庐之蒐时授任的两位居守旧族即中军副将郤溱和下军主将栾枝，他们俩在原任职务上一直干到去世，却从未获得哪怕一次晋升，倒是流亡功臣先轸、赵衰、胥臣等人纷纷升迁了。

至于为什么不推荐狐偃接任上军主将，那是因为此时的狐偃已经病入膏肓，没过多久他也去世了。可狐偃不济事了，他的儿子狐射姑还在呢。赵衰为什么不推荐狐氏家族的晚辈狐射姑接任先伯父狐毛的上军主将一职，而要舍近求远，推举先氏家族的后生先且居呢？我想，这是因为以中军元帅的身份指挥晋军取得城濮大捷的先轸挟战胜之功，风头正劲，这当口儿他在晋国政坛的能量之大可谓一时无两。原本能抗衡先轸的人只有抢走了城濮首功的狐偃，可眼看着狐偃油尽灯枯，狐氏家族势力的急剧萎缩已成必然，赵衰想要大树底下乘凉，不傍着先轸他还能傍着谁呢？胥臣吗？他区区一个下军副将，哪儿有那么大能耐罩得住赵衰。

把上军主将的位置当作人情卖给先轸、先且居父子，这是赵衰对先氏家族的利益输送。但赵衰可不做亏本儿买卖。再一次辞让卿命，让赵衰在晋文公心目中"谦逊"的人设已经臻于完美，因此不久后，心怀歉疚的晋文公再度于清原举行大蒐礼，扩编六卿为十卿，第一个就提拔赵衰坐到了新增四卿中排名第一的新上军主将的位置上。

如果在仕途上完全指望晋文公，那赵衰这一辈子的荣禄可能也就到此为止了。毕竟，这一回与赵衰同时晋升的还有箕郑、胥婴、先都三位大臣，而栾枝、胥臣在执政卿中的排名仍在赵衰之前。同时与这许多人展开公平竞争，赵衰要想脱颖而出，更进一步，谈何容易。可赵衰把上军主将的位置让给了先且居，局面就大不一样了。赵衰升任新上军主将之后不久，狐偃驾鹤西归，上军副将的位置又空出来了。记着从前把上军主将让给自己的人情，先且居主动向晋文公请示，要求给自己派一位副职来，而文公指派的正是赵衰。于是乎，赵衰从十卿中的第七位一跃超过了栾枝和胥臣，破格高升到了第四的位置。更重要的是，有了和先氏父子这一来一往两回交道，先、赵两大政治家族的联盟关系就算正式建立了起来。

在这一盘错综复杂的政治博弈中，晋文公始是最大的输家。因为他提拔先且居和赵衰的初衷是希望奖掖两家功臣，鼓励他们继续为晋国公室输诚效忠，鞠躬尽瘁。但先、赵政治联盟的建立却给文公的儿子晋襄公带来了巨大的政治压力，甚至直接威胁到他的孙子晋灵公的生命安全。

公元前628年冬天，一代雄主晋文公走到了生命的尽头。翌年春天，西邻秦国趁晋国大丧之际派兵悄悄穿越晋国南境，企图暗度陈仓,偷袭郑国。得到消息的晋襄公召开御前会议,商量对策。

晋原轸(先轸)曰:"秦违蹇叔,而以贪勤民,天奉我也。奉不可失,敌不可纵。纵敌,患生;违天,不祥。必伐秦师!"栾枝曰:"未报秦施,而伐其师,其为死君乎?"先轸曰:"秦不哀吾丧,而伐吾同姓,秦则无礼,何施之为?吾闻之:'一日纵敌,数世之患也。'谋及子孙,可谓死君乎!"遂发命,遽兴姜戎。

——《左传·僖公三十三年》

和城濮战前一样,先轸又一次抢先表态,力主发动对秦战争。栾枝提醒他,对秦开战是违背先君文公的外交遗策的。秦国不是第一回违反与晋国的同盟协议了,早在公元前630年与晋文公联兵伐郑的时候,秦穆公就曾半道儿撇下晋国,单独与郑国媾和。当时狐偃提请文公对秦国采取强硬手段,但文公坚执不允:

公曰:"不可。微夫人力不及此。因人之力而敝之,不仁;失其所与,不知;以乱易整,不武。吾其还也。"

——《左传·僖公三十年》

虽然秦、晋两国都有志图霸,不免争夺,但与秦国的同盟关系在晋文公建立霸权的过程中仍发挥了不可替代的重要作用,所以对秦国,晋文公的态度总是念好不念恶,尽量避免与秦国反目成仇。可先轸不这么想。当年主导对楚作战,让先轸在城濮战前顺利地坐上了中军元帅的宝座，树立战功是提升他个人威望最有效的手段，所以尝过一回甜头的先轸这次又盘算着拿秦国当垫脚石。虽然晋军最终在先轸的指挥下伏击秦军，大获全胜，但崤之战的胜利徒逞一时之快，却把秦国这样一个重要的盟友推向了晋国的竞争对手楚国。从公元前627年的崤之战开始，直至公元前578年的麻隧之战，在这长达半个世纪的时间里，晋国始终无法解除秦国对自己侧翼的威胁，也因此在中原争霸的竞赛中长期遭到楚国的压制。可以说，晋国霸权的基石正是从先轸固执地发动崤之战的那一刻起，出现了第一丝裂痕。

在崤之战前的御前会议上，只有栾枝对先轸的开战主张独持异议，怎奈他人微言轻，顶不住先轸的一意孤行。看着两位大臣吵得不可开交，御座上的晋襄公究竟是个什么态度？我认为，襄公的内心里很可能是支持栾枝的。因为崤之战后，晋军俘虏了秦军的三位将帅孟明视、西乞术和白乙丙，晋文公的遗孀文嬴本出自秦国公室，自然要来为娘家人求情，晋襄公都没提前跟先轸打个招呼，就按嫡母的意思，下令释放秦国三将，这说明晋襄公并不想跟秦国彻底撕破脸皮。可先轸知道这个消息之后怎么表态呢？

先轸朝，问秦囚。公曰："夫人请之，吾舍之矣。"先轸怒，曰："武夫力而拘诸原，妇人暂而免诸国，堕军实而长寇雠，亡无日矣！"不顾而唾。

——《左传·僖公三十三年》

我浴血奋战，九死一生，好不容易把敌将捉回来，结果老娘们儿哄你两句，你就把人给我放了。灭我之军威，长敌之气焰，亡国无日矣！先轸越说越气，居然当着晋襄公的面一口啐在了地上。

这是地地道道的权臣做派。文嬴乃是晋文公的正室夫人，是秦、晋两国联姻、联盟的象征，岂能以一妇人等闲视之？当着晋襄公的面出言不逊、不顾而唾，这跟曹操呵斥汉献帝的所作所为有何分别？要知道此时先君晋文公才刚刚下葬，尸骨未寒，先轸就敢这样无视他的遗策，欺负他留下的孤儿寡母，这个跋扈将军的做派已经到了让人忍无可忍的地步。但面对先轸的权力膨胀，晋襄公却没有多少办法，因为他的祖父晋献公传下了规矩，不准收留同姓公子在国内居住。此时襄公的几个手足兄弟，公子雍在秦国，公子乐在陈国，公子黑臀在东周……他们一个个都被父亲晋文公安置到了国外，晋襄公身边只留下了先轸、赵衰等文公时代的从龙功臣。要对抗先轸与赵衰的政治联盟，晋襄公孤立无援，没有臂助。

到了这年秋天，先轸在讨伐戎狄的箕之战中阵亡了，可他的死已经难以动摇先、赵政治联盟主导朝政的局面。因为先轸之子先且居和盟友赵衰牢牢占据了上军将、佐的高位，羽翼已丰。晋襄公不得不继续向他们妥协，任命先轸之子、上军主将先且居越级接任中军元帅的职务，这使得原本选贤任能的中军元帅一职变成了先氏家族把持的世官，为后来赵盾的上位专权开了一个极其恶劣的先例。又过了两年，中军副将郤溱也故去了，赵衰从上军副将的任上越级超升为中军副将。这样一来，先且居和赵衰一前一后当上了朝廷的首辅和次辅，晋襄公的窒息之感也渐渐达到了顶点。

要改变现状，扭转先、赵专权的不利局面，晋襄公只能寄希望于时间：他还年轻，熬死了赵衰和先且居，或许事情还有转机。到公元前 622 年的冬天，襄公期盼已久的时刻终于来了，先且居、赵衰、栾枝、胥臣四卿辞世，晋国政坛到了重新洗牌的时候。急盼改弦更张的晋襄公提议让士縠和梁益耳两张新面孔出任中军元帅和中军副将，他的目的正是要打乱既有的权力格局，削弱先、赵联盟的政治影响力。但他的提议一出口就遭到了先且居之子先克的反对：

"狐、赵之勋，不可废也。"

——《左传·文公八年》

他口中的"狐赵"应该是个偏义词，偏向"赵"而不是"狐"。这不仅因为先氏家族与赵家渊源甚深，也因为狐氏家族在晋襄公执政时期缺乏真正有分量的政治人物，在晋国政坛的存在感很弱。先克并非不想继承父亲先且居的衣钵，直接上位中军元帅，怎奈他辈分太低，别说箕郑这位与先轸同辈的老臣还健在，就算狐射姑和赵盾这样的官二代也要长他一辈。自己争不来中军元帅,那就照当年赵衰推父亲先且居上位的老法子,把赵衰的儿子赵盾先推上去。只要赵盾当了中军元帅,他先克就能傍着赵盾,像当年先且居与赵衰那样一唱一和,步步高升。先克这个乳臭未干的后生小子急吼吼地跳出来抢班夺权,得罪了很多人。公元前618年,就在他傍着新任中军元帅赵盾高升中军副将以后,箕郑、先都、士縠、梁益耳等几位失势元老联合发动了叛乱,叛军的第一刀就插在了先克的心口上。

先克推举赵盾出任中军元帅的私心,晋襄公不会不知道,但提名士縠、梁益耳受挫之后,襄公仍然没有放弃打压先、赵政治联盟的努力:你不是说狐——赵之勋吗?那好啊,我偏不用赵家的人,我就任命狐射姑出任中军元帅,抬他出来压住你先氏和赵氏。

任命狐射姑为中军元帅,很难评价是临机应变的妙手还是意气用事的昏着。甚至这个任命让我想起了后世秦昭王发兵攻韩,却被赵孝成王火中取栗,夺去了上党郡的故事。秦军马革裹尸换来的土地绝不会白扔给赵国,就算打一场长平大战,以命相搏,也在所不惜。同样的,先、赵政治联盟经营多年、长期霸占的中军元帅一职也不会就这样轻易地让狐射姑白拿了去,他们一定会反击。而狐氏家族虽然曾经与晋国公室共过患难,但毕竟式微已久。狐射姑当得起阻击先、赵的急先锋吗?

决战的前夜是可怕的,因为你很难预测对方的进攻会从哪一点上发起。让晋襄公始料未及的是,居然是自己最信任的老师阳处父打响了先、赵联盟反击的第一枪。阳处父这个人,《左传》曾记载过时人对他的评价:一则性格刚烈,非常强势;二则华而不实,善于伪装。公元前627年,阳处父率晋军攻击楚国的附属国蔡国,楚国令尹子上率军来救,与晋军夹泜水对垒。阳处父望见楚军的旗帜心里发虚,可又怕不战而退,回国之后没法交代,于是让人带话给子上:你我双方这样隔水对峙也不是办法,要么你开过来,要么我开过去,大家堂堂正正打一仗。因为城濮之战吃过晋军退避三舍的暗亏,楚将成大心顾忌晋军会在楚军半渡之际发动突袭,建议子上后撤,让晋军过河来。谁知道楚军往后一动,阳处父就命人到处宣扬,说"楚军吓跑了",完事儿他自己掉头就往北方撤退。他就用这么下作的手段为自己的畏葸避战开脱。

可是这样的一个人,对晋襄公的影响力却非常强大。公元前625年夏天,晋襄公因为鲁文公不向他朝觐,对鲁国施压,迫使鲁文公入晋,负荆请罪。为了羞辱鲁文公,晋襄公甚至都没有出面接见他,而是打发老师阳处父代替自己去见了鲁公一见。蹊跷的是,到第二年,晋襄公的态度却突然来了个一百八十度的大转弯:

> 晋人惧其无礼于公(鲁文公)也,请改盟。公如晋,及晋侯盟。
>
> ——《左传·文公三年》

晋襄公的态度为何突变？原因就出在阳处父那儿。原来这一年的冬天，楚国发兵攻击淮域小国江国。阳处父奉命率军前往救援。他才走到方城山，与楚将子朱刚刚遭遇，就掉头后撤。这一趟南下援江，晋襄公可事先向周襄王作了报备，襄王还特命王叔桓公与阳处父合兵南下。阳处父再一次望见楚军的招子就开溜，当着王叔的面把晋国的脸丢了个干干净净。连区区江国都捞不出来，任凭楚国吞并，晋国这个诸侯盟主还怎么当？为了挽回自己的脸面，也重塑晋国的威信，阳处父鼓捣出了这个变威服为怀柔的补救措施，团起笑脸儿来把鲁国这个晾了一年多的小兄弟再给哄住——江国已经折进去了，就别再让鲁国把带头大哥的外强中干、色厉内荏给看白了吧。从两伐楚国的表现看，阳处父并无军政长才，但他能在短时间内迅速扭转晋襄公的对鲁态度，足证他有转日回天的本事，这可能跟他的强势个性及巧言善辩有关。

当年晋文公还在世的时候，张罗着为太子骧也就是后来的晋襄公遴选师傅。文公向胥臣征求意见，问：让阳处父来教导太子怎么样？胥臣支支吾吾，态度暧昧，言外之意可能是对这个人选有所保留。但阳处父最终还是当上了太子骧的老师，而这极有可能是因为赵衰的推荐。赵衰是阳处父的恩主，现在老领导的儿子被狐射姑压了一头，夺去了中军元帅的位置，该怎么办呐？阳处父于是利用自己对晋襄公的影响力，重兴大蒐礼，改变了夷之蒐刚刚才定下的人事安排，让赵盾取代狐射姑成了新的中军元帅。

中军元帅在狐射姑的手中旋得旋失，不禁让他恼羞成怒。于是狐射姑指使族亲狐鞫居刺杀了阳处父。对赵家来说，折一个阳处父，不过少了一个听话的奴才而已，但这却换来了铲除狐氏家族的绝佳借口。赵盾当然不会放过这个机会，当即下令处死狐鞫居，并把狐射姑赶出晋国，撵到夷狄去避难。狐射姑倒了，赵盾提携先克接替了他的中军副将之职，而这又招来了箕郑、先都等失势老臣的反击。他们发动叛乱杀死了先克，再一次送给赵盾清除异己的借口。这一次大清洗之后，不但政敌悉数铲除，连分享权力的盟友先氏也遭到重创，赵氏终于可以一家独大了。所以《晋国史》说：

> 赵盾自前621年跃居正卿之位，上台三年内，驱逐了亚卿贾季（即狐射姑），吓跑了下军主将先蔑，斩掉二卿（箕郑、先都）三大夫（士縠、梁益耳、蒯得），与他同时为卿的其余五人，除了荀林父以谨慎行事持中态度而幸免于难外，无一不遭厄运，从而扫清了他专政的障碍，建立起赵氏专政体系。

从前赵衰在世的时候，赵氏势力未张。赵衰因此广结善缘，拉帮结党，刻意塑造"冬日之日"的温暖人设。到了赵盾上台之后，赵氏已经羽翼丰满，如日中天，更须排除异己，巩固权力。所以逃走的狐射姑对人说，现在的赵盾可不是从前的冬日之日了，而是夏日之日！毒辣逼人呐……

就在赵盾升任中军元帅的数月之后，晋襄公不幸英年早逝。临死前，他向赵盾交代了政治遗嘱，任他为顾命大臣，辅佐太子：

"此子也才，吾受子之赐；不才，吾唯子之怨。"

——《左传·文公七年》

可赵盾就跟当年对文公遗策不屑一顾的先轸一个样儿，他根本没打算让太子继位。襄公刚一咽气，赵盾就提议另立新君。晋襄公的遗孀穆嬴抱着太子在朝堂上哀哀哭泣，痛斥赵盾的专权乱政：

"先君何罪？其嗣亦何罪？舍適（嫡）嗣不立，而外求君，将焉寘此？"

——《左传·文公七年》

先君襄公何罪？在赵家看来，他当然有罪。两次阻止赵家的人出任中军元帅，这难道不是罪？但这番悖逆纲常礼法的心底话，赵盾讲不出口，他只能推说国家多故，必立长君，差人往秦国去接襄公之弟公子雍回来嗣位。可人算不如天算，已经在秦国当上亚卿的公子雍回国之时居然带了大批秦军保驾护航，这可把赵盾吓得不轻。要让这主儿回来做了新君，赵氏还能继续专政吗？于是刚才说过"必立长君"的赵盾又打脸变卦了，转回头来又要立襄公太子夷皋为君——还是小孩子好控制呢。

晋国君臣不和，内斗频仍，让蛰伏多年的楚国看到了重新崛起的希望。就在赵盾处死箕郑、士縠和蒯得之后，范山向楚穆王建议：

"晋君少，不在诸侯，北方可图也。"

——《左传·文公九年》

从那以后，楚国再兴北伐之师。公元前618年春，楚国伐郑，迫使郑国签订城下之盟，而赵盾则行动迟缓，救郑不及。

到了秋天，陈国畏于楚的兵威，主动输诚投效。

转过年来，公元前617年冬，楚国会同陈、郑、蔡三国联兵伐宋，宋昭公惧而听命。

中原诸侯就像推倒的多米诺骨牌一样，接连不断地背叛晋国，投入楚国的麾下。这真是成也赵氏，败也赵氏。当年是赵衰助晋文公建立起了晋国的霸业，而如今，它却又慢慢地毁在了赵衰之子赵盾的手里。

贰

晋国朝廷从什么时候开始，成了赵盾的一言堂？不少学者认为始于公元前621年八月晋襄公去世之后——襄公驾崩，太子夷皋年幼不能亲政，国柄自然落到中军元帅、朝廷首辅赵盾的手里。但这与《左传》的记载并不相符：

> 六年（公元前621年）春，晋蒐于夷，舍二军。使狐射姑将中军，赵盾佐之。阳处父至自温，改蒐于董，易中军。阳子，成季（赵衰）之属也，故党于赵氏，且谓赵盾能，曰："使能，国之利也。"是以上之。宣子（赵盾）于是乎始为国政。
>
> ——《左传·文公六年》

这里说的"始为国政"该怎么解释？我们不妨参考《左传·宣公元年》的这个记载：

> 于是晋侯侈，赵宣子为政，骤谏而不入，故不竞于楚。

鲁宣公元年也就是公元前608年，这一年是晋襄公之子晋灵公即位的第十三个年头。此时的灵公尚未成年，晋国还是赵盾当家，故而《左传》说赵盾"为政"。但追溯赵盾"为政"的起始时间，《左传》却不认为始于公元前621年八月晋襄公驾崩的时候。早在当年春天，刚刚上任中军元帅的赵盾就已经开始执政了，所以《左传》说"始为国政"。这四个字传递出来的信息是：在晋襄公生命的最后几个月里，他实际上是被赵盾架空的。

根据李孟存、李尚师二先生所著《晋国史》的看法，晋襄公姬骧去世的时候很可能还不到三十岁，死亡原因是病故。我私下以为，晋襄公的这一场病并非突如其来的暴疾，早在五年前，他的健康状况就已经令人担忧了。《左传》记载，公元前625年的六月，晋国发起垂陇会盟，鲁、宋、陈、郑四国应邀而来，但盟会上却没有见到晋襄公的身影,晋国司空士縠代替他坐到了主盟的席位上。到了这一年的冬天,晋国与宋、陈、郑三国联军伐秦,战于彭衙,战场上的最高指挥官竟是晋国的中军元帅先且居。要知道,前年(公元前627年)崤之战时晋襄公还身披重孝,墨缞上阵。去年(公元前626年)晋国伐卫,襄公也曾亲统大军南下太行,并朝觐周襄王于河内温邑。但这次彭衙之战,晋襄公没能亲御戎师。数月之间,先后开了卿大夫主持会盟与卿大夫统率诸侯联军的两重先例,这在晋国史上是破天荒的。主持会盟与统率联军本是春秋霸主的标志和象征,连这么重要的国务都交由卿大夫代劳,极有可能,那时的晋襄公已经深陷疾病之苦。

晋襄公年纪轻轻,怎么会罹患重疾?对此,《左传》没有一字交代。但《史记》的《赵世家》和《扁鹊仓公列传》都记载了这么一件事情:

> 襄公败秦师于崤而归纵淫。
>
> ——《史记·赵世家》(《扁鹊仓公列传》记载略同)

耽于女色,纵欲无度,不到三十岁就掏空了身体,这大概是晋襄公英年早逝的主要原因。司马迁说,襄公纵淫是从崤之战以后开始的。战胜于崤而后纵欲,并非晋襄公恃功而骄。恰恰相反,此时的他正承受着巨大的压力,不得不找一个出口来发泄。襄公的嫡母和正妻都出自秦国公室,联合秦国、敦亲睦邻又是先父文公定下的基本国策,所以从内心里讲,晋襄公不愿同秦国撕破脸皮,在崤山兵戎相见。但中军元帅先轸极力主战,他背后又有上军主将先且居和上军副将赵衰等人的鼎力支持,晋襄公拗不过这帮子先朝重臣,只能眼睁睁地看着先君的遗策被更改,秦、晋邦交被破坏,朝政的主导权被人从自己手中夺走,他能不苦闷吗?

旧剧《雍正王朝》里有一段情节:抚远大将军年羹尧取得燃灯寺大捷后,凯旋还朝,原本满心欢喜的雍正皇帝正要论功行赏,却意外地发现受赏将士只知有军令,不知有圣旨,连"皇上叫你们卸甲"这么屁大点儿的事,众将领都得先领了年大将军的钧谕才敢遵圣旨办理。雍正在朝堂上威风扫地、灰头土脸,一回到后宫便迁怒于年羹尧的胞妹年妃,一面强令她去衫,一面迭声怒斥"卸甲,卸甲!"我想晋襄公纵淫的心态,大概跟大喊"卸甲、卸甲"的雍正爷一样憋屈。

以上,我之所以要花费这么大篇幅来分析公元前621年春夏之际晋襄公的处境,是要说明,赵盾专权并不是襄公早逝、太子年幼的这个特殊时机所造成的偶然结果。事实上,自晋襄公当国伊始,卿权压倒君权的魔咒就始终困扰着他。挣扎到了生命的最后几个月里,因为病入膏肓,晋襄公再也无力对抗卿族的跋扈,赵氏专权遂成定局。原本在春天的夷之蒐上晋襄公已经宣布了对狐射姑中军元帅一职的任命,但党于赵氏的太傅阳处父竟能矫诏重蒐于董,硬是推赵盾上去顶掉了狐射姑的位置。《左传》说阳

处父"侵官",杜预解释道:

> 君已命帅,处父易之,故曰"侵官"。

——《左传·文公六年》注

这足以证明凭借多年的苦心经营,赵氏一党的势力之大,已经到了无人能够制衡的地步。就算没有晋襄公的那一纸任命,赵盾照样宰制朝堂,威服由己。攫取国柄之后,赵盾甩开重病的晋襄公,迅速制定了一系列改弦更张的施政措施,并交由阳处父等人付诸实行:

> 宣子于是乎始为国政,制事典,正法罪,辟狱刑,董逋逃,由质要,治旧洿,本秩礼,续常职,出滞淹。既成,以授大傅阳子与大师贾佗,使行诸晋国,以为常法。

——《左传·文公六年》

赵盾创制的这部被历史学家称为"夷蒐之法"的法典,它的主要精神,一是突出法治,二是选贤任能。用我们今天的眼光看,这部法典无疑代表着历史发展的正确方向。但在当时,这部法典的颁布却极大地改变了晋国的政治生态与政治文化。要知道,在"夷蒐之法"颁布以前,晋国所奉行的是晋文公于公元前633年制定的"被庐之法"。与"夷蒐之法"截然不同的是,新典尚法尚贤,旧典尚礼尚亲。尚礼尚亲,意味着一个政治家或者一个政治家族能在多大程度上参与晋国的政治,取决于他/他们与公室的血缘亲疏，政治地位的高下是以亲亲尊尊的原则来划定的。这就不难理解为什么"被庐之法"颁布以后，赵盾之父赵衰不能留在中央辅政，而被远远地发配去了原县：因为在亲亲尊尊的礼制规范下，赵氏以异姓疏属的关系，当然地处于晋国政坛的弱势地位。可是，"夷蒐之法"的颁布让晋文公、晋襄公父子一贯坚持的用人原则被彻底改变。律法地位的凸显势必削弱公族血亲的政治特权，选贤任能又进一步打击了他们跻身政坛的身份优越性。长此以往，基于西周礼制的世袭贵族政治势必逐渐解体。因此，私淑周公的儒家圣人孔子后来批评赵盾说：

> 夫宣子之刑，夷之蒐也，晋国之乱制也。
>
> ——《左传·昭公二十九年》

在晋襄公还没有咽气的时候，赵盾就已经借由"夷蒐之法"的颁布建立起了异姓专政的法理依据。虽然这部法典遭到孔子的严厉批评，但它却因为晋国的卿权日重而被继承了下去。到公元前513年，赵盾的后人赵鞅更是将这部法典的精神铸于刑鼎，赤裸裸地向天下人宣告"晋益弱，六卿皆大"（《史记·晋世家》）已经成为不可逆转的时代潮流，开启了晋国公室退出历史舞台的倒计时。

六卿益大、三家分晋，这些赵盾专政衍生出的长远后果，我们暂且置而不论，单说赵盾专政对晋国政治带来的实时影响。公元前615年，也就是赵盾专政的六年之后，秦、晋两军在河曲交

战。为了修补因士縠、梁益耳等五大夫叛乱而支离破碎的高层领导班子,赵盾选定了新一届的晋国六卿:

> 秦为令狐之役故,冬,秦伯伐晋,取羁马。晋人御之。赵盾将中军,荀林父佐之。郤缺将上军,臾骈佐之。栾盾将下军,胥甲佐之。范无恤御戎,以从秦师于河曲。
>
> ——《左传·文公十二年》

在这份六卿名单中,值得特别注意的是新任下军主将栾盾与新任下军副将胥甲,因为他们二位分别是前任下军主将栾枝和前任下军副将胥臣的儿子。这就是说,赵盾这个凭借父荫上位中军元帅的"官二代"现在又通过提拔栾盾和胥甲,进一步强化了晋国诸卿世袭的倾向。和浴血疆场、从死人堆里爬出来的父辈不同,生于安逸、长于膏粱的贵胄子弟纷纷上位,直接导致了军队高层的决策能力与下级的执行能力的双重退化。河曲之战时,秦军开赴晋国上军营前挑衅,上军主将臾骈严令全军深沟高垒,疲敌待变,但赵盾的从弟赵穿仗恃自己的后台够硬,违令出击,轻敌冒进。赵盾得知这个消息之后是怎么表态的呢?他说:

> "秦获穿也,获一卿矣。秦以胜归,我何以报?"
>
> ——《左传·文公十二年》

"万一秦军俘虏了赵穿,那就等于俘虏了晋国一卿呀。"赵穿原不过是一个普通的上军大夫,哦,只因为他是赵家的侧室,就身份贵重，拟于一卿？这话一出口，上军主将臾骈的位置该怎么摆？他岂不是要威信扫地？更加不可理喻的是，对那位违抗军令的赵家少爷，赵盾不但不加惩处，反而勒令全军出击，务必把他全须全眼儿地捞回来。军令一下，三军将士齐刷刷地拎着头、豁出命去给鲁莽的赵穿擦屁股。

这一仗，因为晋军倾巢出动，秦军没能如愿达成伏击赵穿的战术目的，故而未及坚战，便行撤退。当晚，秦国使者造访晋国上军军营，向主将臾骈下战表："今天你我两军将士皆未快意，明日便请再战。"老辣的臾骈观察到秦国使者目光游移，言语失节，判断秦军约战很可能只是虚张声势，暗地里应该已经做了撤退的准备。故而臾骈建议，晋军应大胆前出到黄河东岸，一战破敌。可是刚被秦军的伏击吓破了胆的赵穿伙同下军副将胥甲在辕门外高呼阻拦：

> 胥甲、赵穿当军门呼曰："死伤未收而弃之，不惠也。不待期而薄人于险，无勇也。"乃止。秦师夜遁。
>
> ——《左传·文公十二年》

因为赵穿、胥甲的干扰，晋军两次错判敌情，贻误战机。但丢掉河曲一战的胜利还不是最惨痛的损失，更为致命的是，自被庐之蒐建立三军六卿制以来，晋国的历次军事行动还从未出现过像河曲之战这样军令不行、上下相违的怪象。十八年后，晋国的宿敌楚国北上伐郑，晋、楚两军自城濮战后再度相遇中原，大夫

伍参向楚庄王预言道:

> "晋之从政者新,未能行令。其佐先縠刚愎不仁,未肯用命。其三帅者,专行不获,听而无上,众谁适从?此行也,晋师必败。"
>
> ——《左传·宣公十二年》

主帅没有威信,下属不肯用命。河曲的怪象又在邲之战上重演,晋军因此惨败,中原霸权也随之易手。追溯往事,这难道不是世卿世禄这颗毒瘤恶化的后果吗?

世卿赵盾的专横跋扈从一开始就给新即位的晋灵公留下了恶劣的印象。

> 穆嬴日抱大子以啼于朝……出朝,则抱以适赵氏,顿首于宣子(赵盾),曰:"先君奉此子也而属诸子,曰:'此子也才,吾受子之赐;不才,吾唯子之怨。'今君虽终,言犹在耳,而弃之,若何?"
>
> ——《左传·文公七年》

因为晋襄公对赵氏一门的刻意压制,赵盾专政后出于报复,原不打算让襄公的太子夷皋继位。太子可能被废,这让襄公的遗孀穆嬴担惊受怕。眼看着自己在朝堂上日夜啼哭、哀哀呼告,大臣们却冷漠以对,没有哪怕一丝正义的回应,穷极无奈的穆嬴只得纡尊降贵,前往赵府哀求赵盾。《左传》说穆嬴"顿首于宣子",根据《礼记·少仪》所记载的古礼,妇人就算当君王之赐,也不过低头肃拜而已。穆嬴以国母之尊,竟在赵府门前下跪磕头,难怪孔颖达说:

> 穆嬴顿首于宣子之门者,有求于宣子,非礼之正也。
>
> ——《礼记·少仪》疏

但穆嬴即便把自己的尊严都搭了进去,仍然没能打消赵盾另立新君的念头。只不过人算不如天算,赵盾差人去秦国,邀请太子夷皋的叔叔、晋襄公的胞弟公子雍回国继位,却没料到身为秦国亚卿的公子雍返国之时居然带了大队的秦国武士随身护卫。这不禁让赵盾想起了当年晋文公返国执政后联合秦穆公诛杀权臣吕甥、郤芮的往事。赵盾害怕自己会重蹈吕、郤的覆辙,临时变卦了,这才让太子夷皋侥幸嗣位,成了晋灵公。根据司马迁在《晋世家》中所做编年:

> 十四年,灵公壮。

"壮"当指及冠之年,也就是二十岁。这样倒推回去,十四年前刚继位的晋灵公已经是一个年满六岁、具备一定自我意识的男孩子了。赵盾这样欺负他们孤儿寡母,晋灵公能不恨他吗?然而,就算对赵盾恨之入骨,晋灵公也不得不接受眼前的现实:晋国现在是赵盾说了算。《左传·文公七年》载:

> (公元前620年)秋八月,齐侯、宋公、卫侯、陈侯、郑

伯、许男、曹伯会晋赵盾盟于扈,晋侯立故也。

因为灵公新近嗣位,齐、宋、卫、郑等七国元首齐聚于扈,向霸主晋国的新君道贺。但主持这场盟会、接受诸侯朝贺的却不是晋灵公本人,而是中军元帅赵盾。会后,赵盾卵翼下的佞臣郤缺向他建言:应该退还当年侵占的卫国土地以笼络住这个刚刚臣服的小国。郤缺说:

"日卫不睦,故取其地。今已睦矣,可以归之。叛而不讨,何以示威?服而不柔,何以示怀?非威非怀,何以示德?无德,何以主盟?子为正卿,以主诸侯,而不务德,将若之何?……若吾子之德莫可歌也,其谁来之?盍使睦者歌吾子乎?"

——《左传·文公七年》

郤缺口中的卫国侵地该是戚邑。这是六年前晋襄公亲率大军,风餐露宿,从卫国攻取的土地。现在有人要拿先君的遗产送人情,换回的却是卫国人对权臣赵盾的颂扬。阴交诸侯,损公肥私,是可忍,孰不可忍!

在哪里失去的,就要在哪里夺回来。仅仅八年过后,尚未成人的晋灵公便向赵盾的权威发起了挑战:

(公元前612年)冬十一月,晋侯、宋公、卫侯、蔡侯、陈侯、郑伯、许男、曹伯盟于扈,寻新城之盟,且谋伐齐也。齐人赂晋侯，故不克而还。

——《左传·文公十五年》

公元前612年秋天，齐国发兵侵略鲁国西境。鲁国派季文子出使，请求诸侯盟主晋国出面主持公道。因此，晋国又一次在扈邑召集会盟。而这一次出席会盟的列国元首名单中赫然写着"晋侯"，这意味着年仅十五岁的晋灵公取代赵盾，亲自坐上了盟会的主席之位。这一次扈邑会盟，赵盾去了没有？在会盟上拍板决策的究竟是晋灵公还是赵盾呢？从古至今，有不少历史学者的研究分析更倾向于后者。比如清朝学者万斯大在其所著的《学春秋随笔》一书中这样写道：

> 晋灵立于文七年，时方在抱，赵盾是以盟诸侯于扈。《春秋》恶其专，废置君，故诸侯不序而赵盾不名。……此年扈之盟，晋灵亲会，将伐齐讨乱。然稚年未谙国事，实亦赵盾主谋。受贿而退，与无会同。故复略诸侯不序，所以罪盾之不能辅君以义，使不得为盟主也。十七年会扈亦然。

万斯大断言此次扈之盟赵盾一定在场，而且接受齐国贿赂、拒绝为鲁国伸张正义，做出这个决定的人也是赵盾。也就是说晋灵公虽然出席了盟会，但未能争取到最终的话事权。我个人的看法与万斯大刚好相反。万斯大认定晋灵公不能主导会盟的主要理由是年龄。因为《左传》在晋灵公即位的公元前620年两次记载灵公被母亲穆嬴抱在怀里，于是万斯大想当然地认为，初即位时晋灵公该是一个襁褓婴儿才对。要照这样算，到了八年后的扈之盟上，灵公仍然不满十岁。一个虚岁不满十岁的孩子怎么可能主宰诸侯会盟这么重要的国际事务呢？

但正如我在前文中所引述的，司马迁所著《史记》明确记载，灵公于即位的第十四年已经成人，反推他的即位年龄，当有六岁。为什么初即位的那一年里，灵公总是被母亲穆嬴抱在怀里呢？因为当年的特定情境是：赵盾原计划要废黜晋灵公，另择新君。面对赵盾的专横，灵公母子无力抗争。人为刀俎，我为鱼肉，母子相拥折射出的乃是母亲穆嬴的无奈、无助。

另外，万斯大提到，在这次扈之盟的两年后即公元前610年，晋国又召集了一次扈邑会盟。第二次会盟于扈是因为前次参会的宋国元首宋昭公遭遇政变身亡，君位为其弟公子鲍所窃据。晋国原计划联军伐宋、戡乱除恶，但最终的结果却与上次扈邑会盟如出一辙，晋国收受了宋国新君文公（即政变上台的公子鲍）的贿赂，对宋国的武装干涉就此作罢。这一回收受贿赂，姑息宋国叛乱，史籍中有确凿的证据证明，就是晋灵公本人的主意：

> 宋人弑昭公，赵宣子请师于灵公以伐宋，公曰："非晋国之急也。"对曰："大者天地，其次君臣，所以为明训也。今宋人弑其君，是反天地而逆民则也，天必诛焉。晋为盟主，而不修天罚，将惧及焉。"公许之。
>
> ——《国语·晋语五》

根据《国语》的上述记载，得知宋国政变的消息后，赵盾第一时间要求出兵伐宋，惩治叛逆，但晋灵公的响应并不积极。赵盾向他强调，晋国既为诸侯盟主，代天子行权，就有义务充当维护纲常礼法的国际宪兵。看到赵盾的态度如此坚决，晋灵公勉强点了个头，表示同意。但是晋军出师，蹊跷的事儿就又来了：

> 十七年（公元前610年）春，晋荀林父、卫孔达、陈公孙宁、郑石楚伐宋，讨曰："何故弑君？"犹立文公而还。
>
> ——《左传·文公十七年》

联军伐宋本是赵盾的提议，他又是中军元帅、朝廷首辅，在晋灵公尚未成年，不能亲临战阵的情况下，代替灵公指挥联军的理应是赵盾才对，为什么战场上的最高指挥官却是晋国次辅、中军副将荀林父呢？我认为，这极有可能是晋灵公的刻意安排。之所以不让赵盾统军而把兵权授予荀林父，是因为荀林父并非赵盾一党，甚至他同赵盾之间还有政治立场的分歧。当年灵公之父晋襄公薨逝，赵盾打算废掉灵公，荀林父曾表示过反对：

> 先蔑之使也，荀林父止之，曰："夫人、大子犹在，而外求君，此必不行。子以疾辞，若何？不然，将及。摄卿以往，可也，何必子？同官为寮，吾尝同寮，敢不尽心乎？"
>
> ——《左传·文公七年》

当年，荀林父不但唱衰另立新君的计划，而且对赵盾差往秦国迎接公子雍返国即位的使者先蔑，更是直截了当地劝阻他说，这浑水你千万别蹚！

这一回联军伐宋如果交由赵盾指挥，不严惩宋国叛逆，军事行动大概不会轻易停止。因为出师前，赵盾曾对他的胞弟赵同作了这样坚决的表态：

> 宣子曰："大罪伐之，小罪惮之，袭侵之事，陵也。是故伐备钟鼓，声其罪也；战以錞于、丁宁，儆其民也。袭侵密声，为蹔事也。今宋人弑其君，罪莫大焉！明声之，犹恐其不闻也。吾备钟鼓，为君故也。"乃使旁告于诸侯，治兵振旅，鸣钟鼓，以至于宋。
>
> ——《国语·晋语五》

可出师前遍告诸侯、奉辞伐罪，造了这么大的声势，到了却虎头蛇尾，受贿罢兵，只能认为这是换帅之后，荀林父遵照晋灵公的授意所为。这完全打乱了赵盾的初始计划。此后，《左传》继续写道：

> 晋侯蒐于黄父，遂复合诸侯于扈，平宋也。
>
> ——《左传·文公十七年》

荀林父率军伐宋，时当公元前610年的春天。紧接着，晋灵公在夏天举行了黄父之蒐。依照晋国的传统，举行大蒐礼意味着政府和军队的高层将要发生重大的人事变动。之前临阵易帅的晋灵公可能希望趁热打铁，借黄父之蒐进一步挤压赵盾的势力，但显然他没能成功打破既有的权力格局。可即便没能如愿，晋灵公仍未放弃努力，旋即又举行了第二次扈邑会盟。《左传》说会盟的主题是"平宋"，也就是平定宋国的意思。在赵盾眼中半途而废的联军伐宋行动居然要在这次会盟上被宣扬成晋灵公戡定叛乱的政治功业，这进一步加深了赵盾与晋灵公之间的裂痕。因此，到了盟会上，两人已经基本没有交流，开始各行其是了。

这次会盟期间，晋灵公因为怀疑郑国骑墙，表面臣服于晋，暗地里却与楚国眉来眼去，所以拒绝接见郑穆公。郑国派大夫子家向赵盾告状诉冤，赵盾都没有事先知会晋灵公一声，就径直派大夫巩朔与郑国达成了谅解协议，并以从弟赵穿为质，当作这份协议的信用担保。

赵穿去郑国为质，或许是他的幸运。因为当年和他一起在河曲之战中犯下指挥失误的下军副将胥甲没过多久便遭到了晋灵公的秋后算账：

> （公元前608年）晋人讨不用命者，放胥甲父于卫，而立胥克。先辛奔齐。
>
> ——《左传·宣公元年》

胥甲是赵盾一手扶植的党羽。拿他开刀，晋灵公与赵盾最终摊牌的时候已经近在眼前了。

晋灵公决心对赵盾下杀手是在胥甲被放逐的一年以后。这个《左传》中的故事以往被人们习称为"晋灵公不君"。所谓"不君",意思是晋灵公做国君没有个国君的样儿。赵盾看不过眼,屡次强谏。被激怒的灵公遂摆了一桌鸿门宴,埋伏甲兵,袭击赵盾。这是一桩疑点重重的公案,其中最令人费解的是,究竟哪件事成了晋灵公与赵盾摊牌的导火索?《左传·宣公二年》载:

> 晋灵公不君:厚敛以雕墙;从台上弹人,而观其辟丸也;宰夫胹熊蹯不熟,杀之,寘诸畚,使妇人载以过朝。赵盾、士季见其手,问其故,而患之。将谏。

《左传》描述"晋灵公不君"的时候说了三点:

首先是加征赋税以满足公室开销。中国古代的政治传统历来讲究藏富于民。想当年,晋灵公的祖父晋文公甫登大位,便颁布了这样的施政措施:

> 弃责薄敛,施舍分寡。救乏振滞,匡困资无。轻关易道,通商宽农。懋穑劝分,省用足财。利器明德,以厚民性。

——《国语·晋语四》

对比晋文公的轻徭薄赋、以厚民生,晋灵公的日常用度似乎有些靡费。用度大了嘛,自然免不了加征赋税来填补亏空。

灵公不君的第二个表现是举止轻浮,顽劣成性。根据司马迁的说法，当鲁宣公二年也就是公元前 607 年的时候，晋灵公已经成人。但这个外表成人的国君骨子里却还是个巨婴。他还像小时候那样搓泥丸、打弹弓。《谷梁》和《公羊》两传甚至说晋灵公在群臣上朝的时候拿弹弓射他们。要真是这个闹法，灵公确实太不像话。

如果只是一个普通的青年到了该成熟的年龄却没有成熟的心性，那也就罢了。可晋灵公不是常人，他是手握生杀之权的一国之君，就像龇着牙的乳虎一样，举动伤人！《左传》说，只因为厨子烹饪的熊掌没熟透，晋灵公就一刀抹了他的脖子，将尸体往蒲筐里一扔，命宫女抬了出去。宫女们搬尸的时候正巧被赵盾撞上了，赵盾询问了这桩命案发生的原因，并对晋灵公的残暴表现出深深的忧虑。

加征赋税、弹弓射人、虐杀厨师，上述三件事当中，究竟是哪一件促使赵盾强谏晋灵公，并激起了灵公的杀心？司马迁的选择是最后一件：

> 灵公立十四年，益骄。赵盾骤谏，灵公弗听。及食熊蹯，胹不熟，杀宰人，持其尸出，赵盾见之。灵公由此惧，欲杀盾。
>
> ——《史记·赵世家》

实话实说，对太史公的这个选择我不太理解。让我们先来简单梳理一下公元前 612 年至公元前 607 年间，晋灵公与赵盾摩擦升级并最终酿成火并的全过程：

公元前612年，年仅十五岁的晋灵公急于亲政，首次出席了在扈邑举行的诸侯会盟。从此，赵盾失去了代晋侯主盟的权力。

两年之后的公元前610年，因宋国政变，宋昭公被弑，赵盾力主联军伐宋，惩治叛逆。晋灵公虽勉强同意派兵，却把中军元帅赵盾晾在一边，任命中军副将荀林父为联军统帅。最终，联军行动因晋灵公指使荀林父收受宋国贿赂而半途夭折。

联军伐宋后，晋灵公再兴会盟于扈。会盟期间，他因怀疑郑国投楚而拒绝接见郑穆公。赵盾在未与灵公商议的情况下擅自与郑国达成了谅解协议。

又过了两年，到公元前608年，赵盾一党的重要成员、下军副将胥甲遭到晋灵公的放逐，理由是七年前他跟随赵盾参加河曲之战时指挥失当，葬送了晋军的胜利。

从以上罗列的史实中我们可以清楚地看到，公元前612年至公元前607年的这五年间，晋灵公从外交到内政，在各个领域与赵盾展开了全面的权力角逐，攻势咄咄逼人。反观赵盾一方，则似乎隐忍克制更胜于针锋相对。连胥甲这么重要的亲信被放逐，赵盾都没有出面力保，他又怎会因为一个厨子，就轻率地跟晋灵公撕破脸皮呢？因此，《左传》所载"晋灵公不君"的三件事中，不太可能是虐杀厨师一事激起了晋灵公与赵盾的冲突。

在这三件事情中，最有可能造成双方火并的，我认为该是第一件，即加征赋税。之所以跟太史公做出不同的选择，是因为我发现在晋灵公这几年的执政经历中始终贯穿着一条不变的主线：灵公总是千方百计地为自己捞偏财。第一次扈之盟时，对齐国侵略鲁国的非法行为，晋国原准备进行讨伐，但最终晋灵公收了齐国的贿赂，伐齐不了了之；第二次扈之盟前，宋昭公被弑，晋国联军讨逆，又是叛乱上台的宋文公向晋灵公行贿，终止了晋国的军事行动。这两次军事行动与其说是半途而废，毋宁说晋灵公的真实目的就是借着盟主的身份向其他诸侯敲竹杠、榨油水——打从一开始，他就是冲着贿金去的。收了别国人的贿金仍然不敷所用，于是转回头来又扒本国人的皮：加征赋税。羊毛出在羊身上，晋国势力最大、田产最多的赵氏家族因此成了诸家贵族中损失最惨重的一家，于是双方矛盾便激化了。

那么问题来了：堂堂一国之君，晋灵公怎么会这么缺钱，以至于他不顾体统、不择手段地疯狂敛财？要解释这个问题，我们得从公元前 645 年晋国颁布的一项重要田产法令"作爰田"说起。在这道法令发布以前，晋国公室所占有的田产包括两部分：其一是公邑之田，也就是由国君直接控制的属县中的田产；其二是助耕之田，也就是在各家贵族的采邑内划出一定数量的公田，由采邑贵族督率采地的"野人"助耕，并将收获上缴公室。

当年，因为晋文公的前任晋惠公在韩原之战中被秦军俘虏，为了争取国内贵族的支持，重振晋国的士气，晋惠公的亲信大臣吕甥矫诏颁布了"作爰田"令,宣布将各家贵族采邑内助耕的公田赏赐给他们,造成了公室田产的第一次流失。晋惠公薨逝,晋文公执政,为了酬报从龙建功的大臣们,又将直接隶属于公室的部分县邑封赐给他们,原、温等县邑先后变成了先氏、阳氏等贵族的采邑,造成公室田产的第二次流失。两次萎缩过后,公室田产的收入已经支撑不起国君的日常开销了,于是晋文公在公元前633年颁布"被庐之法",其中规定:

> 公食贡,大夫食邑,士食田,庶人食力,工商食官,皂隶食职,官宰食加。政平民阜,财用不匮。
>
> ——《国语·晋语四》

"公食贡",意味着此时晋君的主要经济来源已经不再是公室田产的农获,而是采邑贵族上缴的贡赋。晋文公、晋襄公父子谢世之后,灵公年幼,赵盾专政,卿族势力的膨胀导致了田产争夺的日益加剧。《左传》载:

> 夷之蒐,晋侯将登箕郑父、先都,而使士縠、梁益耳将中军。先克曰:"狐、赵之勋,不可废也。"从之。先克夺蒯得田于堇阴。故箕郑父、先都、士縠、梁益耳、蒯得作乱。
>
> ——《左传·文公八年》

先氏是赵氏最亲密的盟友。先轸之孙、先且居之子先克本是赵盾上位中军元帅的重要推手。赵盾执政,反哺先氏,超擢先克为中军副将。而先克升官以后干的第一件事情就是强夺大夫蒯得位于堇阴的田产。先克的发迹以及发迹后的所作所为揭示了晋国政坛的这条规律，即政治上的得势与经济上的得利，二者之间存在着必然的联系。贵族一旦得势，就大片大片地兼并田产，扩大采邑。这不但极易引发贵族之间的冲突，甚至君臣关系的恶化也往往导源于此。晋灵公被弑的三十四年后，晋国又发生了一起性质恶劣的弑君案件，被弑的晋厉公正是因为要削夺旧贵族的田产，重组晋国的权力高层而遇害的：

> 君（指晋厉公）伐智而多力，怠教而重敛，大其私昵，杀三郤而尸诸朝，纳其室以分妇人，于是乎国人不蠲，遂弑诸翼，葬于翼东门之外，以车一乘。厉公之所以死者，唯无德而功烈多，服者众也。
>
> ——《国语·晋语六》

我们可以推想，在晋灵公尚未成年、君主权威尚未树立的情况下，不排除赵氏等执政贵族会借机侵蚀公室田产，上缴公室的贡赋也可能大幅缩水，由此导致公室用度不敷，逼得晋灵公不得不另辟财源，于是才有了两次扈之盟上的公然受贿。晋灵公受贿，损失的是晋国的国际声誉，赵盾可以忍；但加征赋税是直接拿刀子割赵家的肉，他就忍无可忍，这才造成了双方的最终反目。

晋灵公伏击赵盾，赵盾被迫出逃。可他还没出国境，从弟赵穿就起兵作乱，将晋灵公杀死在了桃园。连赵盾都不愿意担弑君的恶名，为什么赵穿却愣头愣脑地冲了上来呢？《左传·僖公三十三年》记载，公元前627年，因贵族先茅绝后，晋襄公收回了先氏采邑并将它转赐给大夫胥臣。这就是说，采邑贵族对公室封赐的田产并不具备完全的所有权。当采邑封主或绝后，或获罪，公室有权收回他名下的田产。赵盾要是出逃国外，一旦被晋灵公宣布为叛国者，赵氏家族的所有封邑田产都会被公室没收。眼看着赵家人的饭碗都要给人家砸了，急红了眼的赵穿也就顾不得君臣纲常，顶着弑君的污名将晋灵公一刀结果。

《三国志·刘表传》中记载了这样一个故事：关中军阀张济因为缺粮，引兵入荆州抢掠，不幸中流矢毙命，各级属僚前来向荆州牧刘表祝贺大捷。刘表说：

> 济以穷来，主人无礼，至于交锋。此非牧意，牧受吊不受贺也。

——《三国志·魏书·刘表传》

晋灵公就像穷极无奈的张济，受贿、征赋实有不得已的苦衷。遗憾的是，《左传》的作者却不像刘表宽容张济那样体谅晋灵公。不但不加体谅，《左传》甚至径直将灵公描述成晋国霸权衰落的罪魁祸首：

> 晋侯侈，赵宣子为政，骤谏而不入，故不竞于楚。

——《左传·宣公元年》

"侈"这个考语,《左传》的作者后来还给过另外一位重要的历史人物——楚王熊虔。很有意思,他不但与晋灵公共享史官的恶评,甚至死后还得了个与晋灵公一模一样的谥号:楚灵王。《左传》所谓"侈"并不是指个人的骄奢淫逸、挥霍无度,而是指这位政治人物无视周朝礼法制度的规定,肆意破坏周朝的封建格局。孔子欣赏的政治家郑子产说过:

> 诸侯修盟,存小国也。
>
> ——《左传·昭公十三年》

春秋时代的国际政治,一言以蔽之,曰争霸。所谓争霸,就是以新兴的诸侯霸主代替日渐式微的周天子来维护周朝封建格局的稳定,尤其是阻止大国对小国的过分侵削,保障小国的基本生存权利。楚灵王是春秋后期由争霸政治转向兼并政治的急先锋,因为汲汲于兼并弱国,所以被《左传》批评为"侈"。而晋灵公借诸侯霸主之名公开索贿,拒绝为鲁、宋等弱国主持公道,因此也被《左传》批评为"侈"。《左传》这部书的历史观念深受孔子《春秋》的影响,而孔子又以继承周公礼治自任,所以《春秋》《左传》在评价晋、楚两国元首的时候往往更多地着眼于他们对国际政治的影响,至于两国内政的隐微变化和权力高层的暗流涌动则不甚注意,遂使得背负骂名的晋灵公直到今天也没能收获一个客观的评价。

下宫之难

壹

公元前607年,血气方刚的青年国君晋灵公在与首辅大臣赵盾的激烈冲突中不幸殒命。他死后,新继大统之人是赵盾从东周请回来的流亡公子黑臀,是为晋成公。在赵盾这个双手沾满先君血迹的权臣面前,成公凡事不能做主,不过奉文画诺而已。整整七年,晋国朝廷只能听到赵盾一个人一张嘴发号施令。赵盾的煊赫权势自然也会辐射到赵氏家族的其他成员:三位异母兄弟赵同、赵括、赵婴齐以及嫡子赵朔跟着他雨露均沾,飞黄腾达,纷纷占据了高位。因此,即便赵盾在公元前601年故去,赵家仍是世人眼中高不可攀的政治豪门。但是,就在人们想当然地以为赵家或将歌舞千载的时候,一场猝不及防的政治危机爆发了——"下宫之难"几乎让赵家沦入灭门的惨境。

根据《左传》的相关记载,赵氏家族的这场灭门之祸是由一桩不伦的奸情引发的：

公元前586年，也就是赵盾去世的十五年后，他的嫡子赵朔此时也已身故，只留下遗孀庄姬和幼子赵武。赵盾的少弟婴齐与庄姬通奸事败，被两位哥哥赵同、赵括掀了出来。夫叔竟敢与侄媳做下这等苟且之事！为了维护家族的声誉，赵同、赵括联手将婴齐驱逐去了齐国。衔恨的庄姬仗恃自己是晋景公的亲姊妹，在景公面前诬告同、括蓄意谋反。一开始景公并未轻信谗言、贸然行动，直到公元前583年，中军元帅栾书站出来为庄姬作证，指责赵同、赵括行为不轨，晋景公才终于下令围攻赵氏下宫。在这场屠杀之中，赵同、赵括双双罹难，赵氏家族世食的采邑也遭到了公室的没收，只有庄姬之子赵武因为躲在舅舅晋景公宫内而侥幸逃过一死，赵氏从此陷入了一段长达二十年的中衰之期。

"下宫之难"本是晋国赵氏的一场灭门惨祸，却被后世的稗官野史当作传奇一再演绎。后世传说，"下宫之难"那当口儿，赵武只是母亲庄姬腹中尚未分娩的胎儿。但实际情况是，赵武其时至少该有十二岁。因为《国语·晋语六》记载，赵武及冠的那一年（也就是二十岁）专程去拜访过中行宣子荀庚，而荀庚最迟在公元前575年鄢陵之战前就已谢世。照此推算，公元前583年"下宫之难"发生的时候，赵武已经是个翩翩少年郎了。

不但赵武，涉事的其他人也在传说中不同程度地变了形貌，比如那个煽阴风、点鬼火，躲在背后打了赵氏一黑枪的栾书，坊间传说就将他丑化成了杀人不眨眼的大反派屠岸贾。至于赵武的母亲庄姬,可能是妇德有亏、为人不齿的缘故,人们不愿意相信赵武幸免于难是拜她所赐,于是又为赵武杜撰了两位颇有战国侠客之风的保护者:赵朔的门客公孙杵臼和朋友程婴。这三位角儿一聚首,"赵氏孤儿"就算凑足了一台戏。于是这个被司马迁写入《史记·赵世家》的故事流传至今,一直在梨园长演不衰,甚至还被大导演陈凯歌翻拍成了电影。而随着演义的流衍日广,"下宫之难"的历史真相反而湮没无闻,渐渐不为人知了。

当前历史学界的研究普遍不相信赵同、赵括与婴齐、庄姬反目成仇只是单纯由乱伦丑闻引发的冲突,更多的研究者认为,"下宫之难"的爆发或有更深层次的原因,它应该导源于赵氏宗族内部一场激烈的权力之争,而亲手开启争端的人正是赵盾:

> 及成公即位,乃宦卿之適(嫡)而为之田,以为公族(大夫)……其庶子为公行。……赵盾请以括为公族,曰:"君姬氏之爱子也。微君姬氏,则臣狄人也。"公许之。冬,赵盾为旄车之族(即公行),使屏季(赵括)以其故族为公族大夫。
>
> ——《左传·宣公二年》

根据《左传》的上述记载,公元前607年,也就是赵盾弑君、新立晋成公的那一年,晋国出台了一项官制改革的新措施。已经废置多年的"公族大夫"一职重新恢复,只是这个从前例由同姓公族担任的重要职位，根据新规，将改由卿大夫的嫡子出任，无论他是同姓还是异姓。与此同时，国君的禁卫军——公行的指挥官则会在卿大夫的庶子中进行选拔。

赵盾本是已故中军副将赵衰的庶子，是赵衰追随晋文公逃难到白狄的时候同狄女叔隗所生。后来文公返国执政，又嫁亲女与赵衰，酬报他从龙流亡之功。这位深明大义的姬姓夫人（赵姬）与赵衰成婚后，不但力主将赵盾母子接回国内居住，甚至还主动让自己的三个儿子赵同、赵括与赵婴齐退后一箭之地，将嫡子的名分逊与赵盾。自那时起，赵盾便成为赵氏家族中的大宗，而赵同三兄弟则屈居小宗之位。

历史研究者们说，按照公元前607年出台的新规，卿族嫡子应任公族大夫，只有庶子才会出任公行的指挥官。但赵盾这时却主动向晋成公递交了一份申请，声明自己为了报答嫡母君姬氏（赵姬）当年的恩德，决意推荐嫡母的爱子赵括出任公族大夫，而自己则屈就公行。这个表态被不少研究者视为赵盾让出嫡位，赵氏大、小宗再度变更的标志性事件。李世佳《"赵婴奔齐"事件解析》一文就此评论道：

> 赵盾在"让嫡"的过程中，重新将权力进行了一番切割、分配。赵括、赵同一支执掌"族权"，而与族权相应之政治地位（"卿权"）却由赵盾出任，宗子赵括屈居大夫之列。赵氏嫡庶地位反逆如此，此后岂能无乱？

根据西周以降的宗法制度，宗子也就是族长在卿族中享有崇高的地位。一般来说，应由他出面代表家族担任国家的重要公职。而卿族宗子的选拔也同各国君位的继承原则一样，奉行嫡长子继承制。具体到赵氏家族来说，赵盾既是嫡子，合为族长，他当然有资格代表赵氏家族出任晋国正卿。可他一旦将嫡子的名分让给了赵括，卸任族长之后还继续霸占着正卿的位置，这就违反了族权、卿权两事归一的惯例。已经取得族权的赵括难免得陇望蜀，继续向赵盾这一支小宗争夺卿权，由此便引发了赵氏家族的内讧，酿成"下宫之难"这一历史悲剧。

以上是当前历史学界对"下宫之难"爆发原因的主流解释，但对这个解释，我真的很难表示信服。《左传》的原文明明记载，"乃宦卿之適（嫡）而为之田，以为公族"，翻译成今天的话说，这条新规的内容应该是"现任执政卿的嫡子有资格出任公族大夫一职"。从公元前621年升任中军元帅、首辅大臣算起，直到新规出台的公元前607年，赵盾担任晋国正卿的领导职务已经十四年了。此时任命公族大夫，最有资格的候选人应该是赵盾之子赵朔，他才是新规所谓的"卿之嫡子"，怎么能从已故次卿赵衰那儿算起，把正卿赵盾说成是"卿之嫡子"呢？这是第一桩让人不可解的事情。

另外，孔子说过："始吾于人也，听其言而信其行；今吾于人也，听其言而观其行。"（《论语·公冶长》）政策的制定是一码事,执行与否又是另一码事。在历史上不乏规章制度写得漂漂亮亮,实际执行起来却荒腔走板的例子,比如现存最早的行政法典《唐六典》,虽然条分缕析、体系完备,但其中相当一部分条文是否严格遵用过,直到今天都还是存疑的。因此,对于公元前607年晋国颁布的这条以卿之嫡子出任公族、以庶子出任公行的新规,我们很有必要考察一下它的实际执行情况究竟如何。《左传·成公十八年》载:

> (前573年)二月乙酉朔,晋悼公即位于朝。……使魏相、士鲂、魏颉、赵武为卿;荀家、荀会、栾黡、韩无忌为公族大夫,使训卿之子弟共俭孝弟。……

这段文字记录的是公元前573年晋悼公刚即位时颁布的人事任命决定,其中包括四位履新的公族大夫:荀家、荀会、栾黡和韩无忌。因为公元前607年定下的章程是以"卿之嫡子"担任公族大夫,所以在分析这四位公族大夫的身份时,我们有必要首先厘清晋国此时的四军八卿名单。抛开新任命的三卿不论(根据杨伯峻注《左传》,赵武为卿当在魏相死后,不在此时。故此次任命三卿应为魏相、士鲂与魏颉),原有的五卿应该是这样的:

中军将:栾书　　　　　　中军佐:韩厥[①]
上军将:中行偃(即荀偃)　上军佐:士匄

[①] 韩厥于前575年鄢陵之战时担任下军将,推论此时或为中军佐。

下军将：智䓨（即荀䓨）

对照上述四位新任公族大夫，他们应该分别出自中行氏、智氏、栾氏和韩氏四大家族。其中，栾黡是中军元帅栾书的嫡长子。出任公族大夫数月之后，栾书故去，栾黡随即顶替他进入了执政卿的行列。也因此，栾黡成为四人当中唯一与"宦卿之嫡子为公族大夫"的规定相吻合的案例。比起栾黡来，韩无忌的情况要复杂得多。《左传·襄公七年》载：

> （前566年）冬十月，晋韩献子（韩厥）告老，公族穆子（韩无忌）有废疾，将立之，辞曰："《诗》曰：'岂不夙夜？谓行多露。'又曰：'弗躬弗亲，庶民弗信。'无忌不才，让，其可乎？请立起（韩起）也。……"

> 庚戌，使宣子（韩起）朝，遂老。晋侯谓韩无忌仁，使掌公族大夫。

韩无忌的确是次卿韩厥的嫡长子，也因此出任了公族大夫的职务。比照栾黡的成例，韩厥淡出政坛之后，按说韩无忌应该继承父亲的权力，代表韩氏家族出任诸卿才对。但《左传》的上述记载否定了这种推论。公元前566年韩厥告老致仕，韩无忌以身体残疾为由主动将继承卿权的机会让给了弟弟韩起。晋悼公虽然俯允了韩无忌的请求，但是为他的谦逊仁爱所感动，执意命韩无忌继续担任公族大夫。这样一来，韩氏也出现了嫡长子与少子分掌族权与卿权的情况。那么，究竟此时的韩氏两兄弟，谁才是世人眼中的大宗呢？秦嘉谟所辑《世本》对韩氏家族的世系是这样记载的：

> （韩）厥生宣子秦（韩起），秦生平子须。

司马迁撰写《史记·韩世家》的时候采用的也是这个世系谱：

> 晋悼公之七年，韩献子老。献子卒，子宣子代。宣子徙居州。

这证明了世人所承认的韩氏大宗乃是韩厥的少子韩起，而非嫡长子韩无忌。这个事实带给我们两点启示。第一，当卿权与族权发生分离的时候，握有卿权的一方往往才是大宗，这一身份不会随着公族大夫的任命而发生转移。照此推论，虽然赵盾将公族大夫一职让给了赵括，但他和嫡子赵朔还继续占据着执政卿的位置，因此赵氏的大宗应为赵盾一脉，而不会随着"公族大夫"这顶官帽子挪到赵括头上。第二，韩无忌主动将卿权让与少弟韩起，韩氏家族卿权与族权就此分离，但未见由此引发家族内讧。所以不但"赵盾让嫡"之说难以成立，将"下宫之难"的爆发归因于此，二者之间也很难说存在必然的联系。

事实上，赵盾举荐庶弟赵括而非嫡子赵朔出任公族大夫，这个行为本身就涉嫌破坏"宦卿之嫡子为公族大夫"的规定。而当他率先破例之后，旁观的人也想来个照章办理：

> 晋魏锜求公族未得，而怒……
>
> ——《左传·宣公十二年》

魏锜是魏氏族长魏犨的少子。《左传》说魏锜在公元前597年邲之战前曾经谋求过公族大夫的职务，但没有成功。古人云："一兔走衢，万人逐之；一人获之，贪者悉止。"人的贪欲总是因为觑到可乘之机才会被勾起来。如果"宦卿之嫡子为公族大夫"是一条雷打不动的铁律，那少子魏锜连候选资格都没有，他又凭什么奢求这个职位？魏锜敢站出来竞争，最大的可能就是受到赵括出任公族大夫的鼓励——魏氏与赵氏本来就是晋国先君献公同时册封的异姓大夫，你赵氏都能破例，我魏氏凭什么就不行？"和尚摸得，我摸不得"吗？

在履新四公族中，韩无忌主动辞让卿权，算是一个极端的案例，以他为参照来否定"赵盾让嫡"之说，或许还是欠缺那么一点说服力。但抛开韩无忌让嫡的事件不谈，我们讨论"宦卿之嫡子为公族大夫"这条规定如何执行的时候，下面这种特殊情况是必须要纳入考虑的，那就是卿大夫的嫡长子倘若未至冠龄，不能入仕，那么空缺的职位应该由谁来填补？这个问题的答案其实就在晋悼公任命的四位公族大夫当中。荀家和荀会应该都是在这种非常情况下出任公族大夫的。荀家、荀会二人究竟谁出身中行氏，谁又隶属于智氏，因为文献记载的缺失，今天我们已经难以确指。但有一点可以肯定，他们两位都不是中行氏和智氏的大宗嫡子。根据《世本》记载的两族谱系，上军主将、中行氏族长中行偃（荀偃）的嫡长子是中行吴，而下军主将、智氏族长智罃（荀罃）的嫡长子是智朔。《左传》明文记载，中行偃迟至公元前554年——也就是晋悼公任命四位公族大夫的十九年以后——才确立中行吴为继承人。因此倒推回十九年前晋悼公任命公族的时候，中行吴必定年幼，不能出仕，而智朔的情况应该与他相仿，故而两位旁支宗亲荀家、荀会就被推上了公族大夫的位置。这再次证明，"宦卿之嫡子为公族大夫"的规定在执行过程中具有相当的灵活性，绝非一成不变，而担任这个职务与获得卿族的大宗地位之间更不存在必然的联系。

梳理完"宦卿之嫡子为公族大夫"这条规定的实际执行情况，让我们再把话题转回到公元前607年赵盾向晋成公递交的那份申请上。赵盾为什么要主动提名赵括出任公族大夫，而不提名自己的嫡长子赵朔呢？我个人的看法，首要原因可能是赵朔还未成年，不能莅事。关于赵朔的大致年龄，我们可以借其子赵武的相关记载进行反推。赵武及冠的那年前往拜望中行宣子荀庚，荀庚在赞美这位青年才俊的同时感叹说"吾老矣"，这意味着赵武与他会面的时间应该临近荀庚的卒年。公元前578年秦晋麻隧之战的时候，荀庚仍以中军副将的身份参战，到了公元前575年鄢陵之战时却被儿子荀偃顶替，因此荀庚的卒年应在公元前578年至公元前575年之间。赵武前往拜望他最有可能在这三年当中。

从此倒推二十年，赵武应该出生于公元前598年至前595年之间。假定公元前607年赵括出任公族大夫的时候赵朔已经成年，那就意味着十年以后夫人庄姬才会为他生下嫡长子赵武，这显然于理不合。事实上，《左传》记载赵朔入仕的时间是在公元前601年赵盾刚去世的时候——赵朔凭父亲余威跻身晋国六卿之末，担任下军副将，那时应该更接近赵朔的冠龄。而过了没两年，嫡妻庄姬又为他诞下赵武。这种推论可能更符合赵朔的真实经历。

如果公元前607年赵朔尚未成年的推论能够成立，那接下来我们要思考的问题是，赵盾当年为什么不自行兼任公族大夫，反而甘心以正卿之尊屈就公行呢？要回答这个问题，我们必须首先解释此时晋国设置"公族"与"公行"两个职位的意义何在。

根据杨伯峻先生对《左传》的注释，废置前的晋国公族大夫，其主要职责是教育公室的同姓子弟。晋献公当国的时候，鉴于曲沃吞晋的历史教训，为了防范小宗吞并大宗的危险再度出现，一狠心将曾祖曲沃桓叔与祖父曲沃庄伯的旁支后裔绞杀殆尽。晋国的同姓公族在这一次大清洗行动中遭到了极大削弱。到了公元前656年，骊姬向晋献公诬告太子申生和两位公子重耳、夷吾意图弑君谋反，献公误听谗言，逼死申生，逼走重耳、夷吾，并在曲沃宗庙前赌咒发誓：晋国不再收容同姓公子。既然从今往后同姓公子都不得留居国内了，那公族大夫还去教育谁呢？这个职位实际上就失去了存在的意义，旋即遭到晋献公的裁撤。

现在，时间转到了公元前 607 年，晋国又恢复了公族大夫。那是不是意味着被迫流亡国外的公子王孙们都被召了回来，所以需要有专人对他们进行管教呢？从现存的文献记载看，答案是否定的：

> 悼公周者，其大父捷，晋襄公少子也，不得立，号为桓叔。桓叔最爱。桓叔生惠伯谈，谈生悼公周。周之立，年十四矣。悼公曰："大父、父皆不得立而辟难于周，客死焉。……"

——《史记·晋世家》

公元前 573 年即位的晋悼公姬周，他的祖父是晋襄公的少子姬捷，也就是下令恢复公族大夫的那位晋成公的亲侄儿。从悼公的自述看，姬捷和他的儿子姬谈（也就是悼公的父亲）一直在东周流亡避难，终致客死他乡，埋骨异域。这证明公元前 607 年恢复公族大夫之后，流亡国外的同姓公子并未回流晋国。既然同姓公子们仍然漂泊在外，那重设公族大夫，又该去管教谁呢？《左传》说：

> 使训卿之子弟共俭孝弟。

——《左传·成公十八年》

新设的公族大夫并不负责管教公室子弟，而是管教卿族子弟。这可就蹊跷了：卿族子弟原本就有各族族长来负责管教，现在族长的工作内容没变，却要套上一件新马甲，改称"公族大夫",是何用意?要拆穿这里头的把戏,我们需要特别注意一点,那就是公元前607年恢复公族大夫的规定里说,卿族族长一旦担任公族大夫,就能分到一定数量的田产("而为之田")。韩非说"因任而受官,循名而责实"(《韩非子·定法》),官职名称的调整意味着工作性质的变化。卿族族长所负责的乃是卿族的内部事务,与公室一毛钱关系都没有,但改称"公族大夫"以后,他所负责的名义上就是公族事务了,公室理应给予相应的报酬。所以卿族族长摇身一变成了公族大夫,他就可以顺理成章地瓜分公室名下的田产,这才是赵盾恢复公族大夫的深刻用心!

回想晋成公的前任晋灵公之所以与赵盾冲突不断,终至刀兵相见,主要原因就是灵公执意加征赋税,企图以此削弱卿族的经济力量,扩大公室的财源。现在灵公被弑,成公不能主政,一手左右朝局的赵盾正好利用这个机会反攻倒算。新设置的公族大夫正是他蚕食公室资产,贴补卿族财力的马前卒。

至于主动提名赵括出任公族大夫,这应该视作赵盾给予赵氏小宗的经济补偿。也就是说,为了回报嫡母的恩德,赵盾慷他人之慨,拿公室的田产做人情送给嫡母的亲儿子。一个算盘打得这么猴精猴精的人会轻言放弃赵氏大宗的地位吗?不可能!赵盾在呈递给晋成公的申请里说得很清楚:"微君姬氏,则臣狄人也。"赵盾要报答的仅仅是嫡母当年将他们娘儿俩从白狄接回晋国这件事情,至于赵同三兄弟曾经让嫡与他,赵盾可一个字都没提。那问题又来了，新设的两个职位，公族既尊于公行，油水又这么大，赵盾为什么不自兼公族，推荐赵括去做公行呢？那不一样是送人情吗？我的答案是，对赵盾来说，巩固专政权力是第一位的，真金白银都是权力的衍生品。倘若他赵盾不能稳坐在首辅大臣的位置上，赵家还能大把大把地捞地捞银子吗？要从这个角度去分析的话，公行对赵盾的价值远大于公族！

当初，晋灵公与赵盾因加税问题反目成仇的时候，曾经摆下一桌鸿门宴伏击赵盾。关于这件事的原委，《左传》是这样记载的：

> 秋九月，晋侯饮赵盾酒，伏甲，将攻之。其右（赵盾的车右）提弥明知之，趋登，曰："臣侍君宴，过三爵，非礼也。"遂扶以下。公嗾夫獒焉，明搏而杀之。盾曰："弃人用犬，虽猛何为！"斗且出。提弥明死之。
>
> 初，宣子（赵盾）田（打猎）于首山，舍于翳桑，见灵辄饿，问其病。曰："不食三日矣。"食之，舍其半。问之。曰："宦三年矣，未知母之存否，今近焉，请以遗之。"使尽之，而为之箪食与肉，寘诸橐以与之。既而与为公介（甲士），倒戟以御公徒而免之。问何故。对曰："翳桑之饿人也。"问其名居，不告而退，遂自亡也。

——《左传·宣公二年》

公元前607年的九月，晋灵公请赵盾赴宴，并在宴会开始前预先布置了伏兵。到了宴会上，伏兵尽起，围杀赵盾。这时，伏兵中一名唤作灵辄的甲士因为早些年受过赵盾的恩惠,临阵倒戈,掩护赵盾杀出重围,这才让赵盾侥幸捡回了一条命。

上述记载中,有这样一处细节值得我们特别注意:甲士灵辄的家乡在远离国都绛邑的首山附近。由此推断,他应征入伍之前的身份当是"野人"而非"国人"。这说明公元前645年晋国宣布"作州兵"之后,直属国君的禁卫军——公行,其征兵范围也随之扩大了,不再局限于"国人"当中。而对公行甲士的选拔,身为首辅的赵盾显然没能施加足够的影响力,因此,当灵辄倒戈护卫他突围的时候,赵盾甚至都认不出这个士兵就是当年接受自己恩惠的故人。再联想到每每为晋灵公所借重,用以制衡赵盾的中军副将荀林父也出身于公行长官,公行游离于赵氏权力体系之外的形势就更加明显了。正因为赵盾没能有效地插手公行,晋灵公才得以保留了一支效忠于自己的军队,这也是他敢于同赵盾翻脸,甚至险些成功刺杀赵盾的原因。赵盾能在那场鸿门宴上全身而退是他运气好,但这不意味着他的运气会一直这么好。万一新上台的国君又祭出这手,下一次人头落地的就指不定是谁了。所以,赵盾改变公行的领导原则,规定必须由卿族庶子出任公行指挥官,甚至纡尊降贵,以正卿之尊兼掌公行,真实的意图是要盯死这支危险的禁卫军,绝不能让它再次成为伏击自己的冷箭!

自从卿族势力渗透进公行之后,这支曾经忠于元首、屡立战功的威武之师就开始走向没落和空心化,竟致短短几十年后便完

全丧失了战斗力。到公元前539年,也就是晋平公执政的第十九个年头,晋国大夫叔向对到访的齐国使者晏婴坦承道:

> 虽吾公室,今亦季世也。戎马不驾,卿无军行,公乘无人,卒列无长。
>
> ——《左传·昭公三年》

此时晋国公行的战马已经不再套车了,战车也不再配备御者和戎右,甚至连军队的基层军官都流失殆尽。落到这步田地,公行也就徒具躯壳而已。

赵盾在公元前607年主持的这次官制改革对晋国公室的领导力打击非常之大。一方面恢复公族大夫,巧立名目,侵吞公室田产,另一方面又控制公行,禁锢了公室最后的武装力量。同时被掏空了经济力量与军事力量的晋国公室等于被赵盾斩断了左右两臂。毫不客气地说,这时的晋国公室已经彻底丧失了独立反击卿族专权的资本,从今往后,再没有谁能够逆转晋国卿权独大,终至裂土分疆的悲剧命运了!

贰

权倾朝野的赵盾于公元前601年去世。他死后,赵家的余威仍然笼罩着晋国朝野。《左传》在这一年的大事记中赫然写道:

> 晋胥克有蛊疾,郤缺为政。秋,废胥克,使赵朔佐

下军。

——《左传·宣公八年》

"蛊"字,《说文》的解释是"枭桀死之鬼"。所谓"蛊疾",翻译作今天的话说,应该是被鬼物迷惑而致病。《左传》的作者告诉我们,公元前601年,排名六卿之末的晋国下军副将胥克因为撞了鬼导致精神错乱,新任中军元帅郤缺随即为他办理了"病退",并任命赵朔接替了下军副将的职务。对这个说法我深表怀疑。如果说胥克是因为"撞了鬼"而被迫卸任的话,那这只"鬼"恐怕就是刚刚死去的赵盾。

新任中军元帅郤缺,其父郤芮曾在晋文公执政之初发动兵变,结果事败受诛。贴着叛逆之子的标签,郤缺还能在晋国政坛顺风顺水,步步高升,那都是因为傍着赵盾这条大腿的缘故。赵盾死后,六卿中排名第三的郤缺压过了排名第二的荀林父,接掌首辅之位,这很可能也是赵盾生前的安排。郤缺因赵盾之力上位中军元帅,自然要结草衔环,回馈赵家。所以被废掉的胥克其实是不幸沦为了郤、赵两家政治交易的牺牲品——郤缺这是要设法为赵盾之子赵朔腾地方呢。至于为什么非让胥克挪窝儿?那是因为胥克是晋灵公提拔的人,是灵公在公元前608年废掉赵党成员胥甲之后安插进六卿班底的。现在胥克"病退",赵朔入职,这一废一立间,赵党既排除了异己,又壮大了实力。赵氏的权焰之酷烈,令人侧目。

还有一点需要说明的是，郤缺高升中军元帅，为什么不安排赵朔接替自己原任的上军主将一职，而要大费周章，去抢胥克的职位？这时上军主将的位置上又坐着谁呢？四年后晋、楚两国打响了邲之战，《左传》说担任上军主将的是范武子士会。士会是一个老资格的大臣了，早在三十年前就担任过先君文公的戎右。文公、襄公相继去世，士会因卷入公子雍与公子乐的夺嫡之争而叛逃到了秦国，是郤缺力主将他迎回了国内。后来晋灵公与赵盾的矛盾日益激化，士会又主动向赵盾请缨，强谏晋灵公。所以他虽非赵党，却与赵党的两位首脑保持着融洽的合作关系。赵朔没能空降到上军主将的任上，多半是因为士会已经捷足先登。

对赵家和赵党来说，晋国政坛显露出"变天"的迹象，是在公元前597年的邲之战前。这一年，踌躇满志的楚庄王兵发中原，剑指郑国；晋景公命令三军南下，援郑伐楚：

> 夏六月，晋师救郑。荀林父将中军，先縠佐之；士会将上军，郤克佐之；赵朔将下军，栾书佐之。赵括、赵婴齐为中军大夫，巩朔、韩穿为上军大夫，荀首、赵同为下军大夫。韩厥为司马。

——《左传·宣公十二年》

看看这份晋军将帅的名单，如果光是数人头的话，赵氏此时仍在六卿、六大夫中占据了最多的席位（四席），貌似仍是晋国的第一政治豪门，但两个细节却向我们透露了晋景公打压赵氏的潜在意图。

首先，荀林父晋位中军元帅，恐怕不是赵氏所期望的。回想公元前621年，初任首辅的赵盾既受晋襄公顾命之托，却又盘算着毁弃遗诏，另立新君，荀林父是当时极少数明确反对废黜太子的大臣。因此，当太子夷皋（即晋灵公）最终继位后，便专倚荀林父来制衡赵盾，这让荀林父与赵党龃龉颇深。其实早在公元前615年，荀林父就升任了中军副将，但整整十八年过去了，这位四朝元老却一直被赵盾和他的亲信郤缺死死地压制在次辅的位置上不能扶正。直到公元前597年邲之战前，多年的媳妇儿熬成婆，熬死了赵盾，又熬死了郤缺，荀林父总算等来了出头之日。赵党霸占多年的首辅一职现在落到了死对头的手里，这不能不说是一个令赵党沮丧的坏消息。

其次，这份六卿名单中除了荀林父与士会两位元老外，其余四卿都是血气方刚的青年贵族。赵盾之子赵朔自不必论，中军副将先縠的曾祖就是在城濮之战和殽之战中威名远播的先轸[1]。至于上军副将郤克和下军副将栾书，前者是刚去世的中军元帅郤缺的儿子，后者则是前任下军主将栾盾的嫡子。这四个人里边，栾书的祖父栾枝和父亲栾盾，爵禄仅止于下军主将，相比于出任过首辅的那三家，栾氏的门第略显寒酸，而栾书本人资历又浅，所

---

[1] 《史记》认为先縠乃先轸之子，杨伯峻先生注《左传》引齐召南考证驳之。故本文从《世本》，定先縠为先轸曾孙，不从《史记》。

以他在六卿中叨陪末座，实属常情。但抛开栾书来看，其余三人的排名就有些吊诡了。

就个人资历而言，赵朔明显要深于先縠和郤克，毕竟他已经在下军副将的任上干过四年，而先、郤二位此前还未进入六卿的行列。至于说到家世背景，郤克之父郤缺虽是刚刚去世的首辅大臣，但毕竟受赵盾的栽培，是赵家的追随者。至于先氏，那更像是一辆落满了灰尘的老爷车——先氏家族的人上一次担任政坛要职已经是二十一年前的事了。如果以世卿世禄的规矩论资排辈，郤缺过世后，荀林父循阶提拔，赵朔应该最有资格填补荀林父留下的次辅之缺。但晋景公却只是象征性地升了赵朔一级——从下军副将晋升为下军主将，而先縠、郤克两位资历、家世不如赵朔的人却骤然超越了他，最弱势的先縠甚至获得了最高的职位。

从晋国权力格局的后续演变来看，我认为扶植荀林父和压制赵朔很可能是晋景公精心设计的权力布局的一部分。在公室的经济力量和军事力量双双萎缩的情况下，景公只得被迫祭出"众建诸侯而少其力"的绝招，尽量扶植别的卿族来牵制赵氏，以这样的平衡术来缓解赵氏对公室的压迫。从维护公室尊严、巩固君主地位的角度来看，晋景公的决策是对的，但晋国外交由此承受的损失却非常惨重。因为中行氏（荀林父曾将中行，故以官为氏）与赵氏的此升彼降必然激化荀林父与赵党的矛盾。带着这样的裂痕出征，晋国又怎能应付楚国的挑战，卫冕中原霸主的桂冠呢？

事实上，邲之战还没打响，晋军将帅的不睦就让战场对面的楚国人给瞧出来了。《左传》记载，当晋军南下的消息传来，楚庄王忧心于新服郑国、师老兵疲，原打算退后一步，避开晋军的锋芒，但宠臣伍参的一席话却坚定了他开战的意志：

"晋之从政者新，未能行令。其佐先縠刚愎不仁，未肯用命。其三帅者，专行不获。听而无上，众谁适从？此行也，晋师必败。且君而逃臣，若社稷何？"

——《左传·宣公十二年》

对晋军高层的内部分歧，伍参可谓洞若观火：虽然有晋景公的力挺，但新晋元帅荀林父其实镇不住下属诸卿。因为除了他之外，其余五卿无一例外都与赵家渊源深厚——士会是赵党长期的合作伙伴，郤氏又深受赵盾的栽培。而栾书呢，他的父亲栾盾当年能够继承祖父栾枝的下军主将职务，享受世卿世禄的优待，也是赵盾的决定。至于先縠，他的祖父先且居与父亲先克同赵衰、赵盾父子之间有着非常复杂的利益输送关系，赵盾能独掌晋国朝政长达二十一年，其中先氏的贡献不可磨灭。范氏（士会封于范，故以封邑为氏）、郤氏、栾氏、先氏四大家族与赵氏蛛连网结，中行氏处境孤立，所以伍参说荀林父的威信现在还立不起来，发号施令都没人拿他当回事儿。

五大家族中谁会率先挑战荀林父的权威呢？人们很容易联想到赵氏，毕竟荀林父上台，赵氏的压抑感最为强烈。但伍参却说率先跳出来挑战荀林父的不是赵朔,而是先縠,这又是为什么呢?难道仅仅是先縠"刚愎不仁"的个性使然吗?我觉得事情恐怕没这么简单。先縠打响第一枪,背后可能潜藏着更深层次的原因。从名义上说,先縠虽与赵朔、郤克并为一党,但他的家世、资历其实难比赵、郤。只因晋景公刻意压制赵氏之故,先縠才出人意料地遽升次辅。弱势的先縠现在既已超越了赵朔和郤克,就不得不设法巩固权势,而发动对外战争就是捞取政治资本最有效的手段。想当年晋文公举行被庐之蒐,先縠的曾祖先轸还是因为赵衰的礼让才跟跟跄跄地跻身于六卿之末,但城濮之战旋即爆发,先轸因坚决主战,屡出奇策,半年之内就蹿升为中军元帅。家族的历史经验向先縠完美地诠释了什么叫"家里的文章从外边做起"。

这一趟晋军南下援郑,抵达黄河北岸已是公元前597年的六月。其实春天还没结束的时候,郑国就因为抵不住楚庄王的强大攻势,早早地与楚国交质议和了。消息姗姗来迟,荀林父准备回师反斾。他说:

"无及于郑而剿民,焉用之?楚归而动,不后。"

——《左传·宣公十二年》

荀林父的意思是,晋军南下的初衷本是援救郑国,现在郑国既然降楚,我们已经错失了作战的时机,不如等楚军退后,再重兴大兵,收服郑国。从这番表态看,荀林父不打算与楚国正面对决。他更倾向于采取游击战的方式同楚国周旋，羁縻左右骑墙的郑国。站在荀林父的角度去思考，他的选择无可厚非：与楚国展开战略决战的前提是晋军得牢牢捏成一个拳头。想想当年为了打赢城濮大战，晋文公预先做了多少内部协调工作啊！可眼下的情形是，荀林父虽为元帅，却号令不行。带着一盘散沙的军队渡河决战，不是以卵击石吗？

六卿中唯一表态支持荀林父的是上军主将士会。这位亲历过城濮之战、河曲之战的老将军对楚国有着冷静而准确的观察：楚国正处在历史上最好的时期，"德立、刑行，政成、事时，典从、礼顺"，你几乎挑不出它有什么破绽。士会说，用兵的原则是"兼弱攻昧"。有机可乘我们才能打，见势不妙就得撤。"犹有弱而昧者，何必楚？"当士会说出这句话的时候，他提出的甚至是一个比荀林父更为消极的建议：放弃对楚作战的计划，转而寻找新的猎物——或许他指的是北方的赤狄？

两位老将苦口婆心地陈说利害，先縠就是听不进去。这个初生牛犊不怕虎的公子哥儿一门心思要在战场上立功立威，撂下一句"要当孙子往后缩你们来，我可丢不起这人"，然后就下令所部兵马渡过黄河，单挑楚军去了。先縠的擅自行动，无论对晋景公还是对赵家，都是一场灾难的开始。是这支偏师的轻启战端最终毁掉了晋国自城濮战胜以来辛苦经营几十年的中原霸权，也是先縠的立功心切、一意孤行引发了赵党的离心离德，四散瓦解。

先縠渡河之后，晋军内部的分裂就开始发酵了。荀林父的族亲、下军大夫荀首率先指责先縠藐视上峰、违抗军令，放出狠话说：

"果遇，必败。彘子（先縠）尸之，虽免而归，必有大咎。"

——《左传·宣公十二年》

言下之意，一旦战争失败，先縠将遭到最严厉的追责。这厢，荀首扬言要秋后算账，借军法"勒死"先縠；那厢呢，他可能忘了，执掌军法的军司马韩厥可是吃赵家饭长大的。他马上就做出了反击，将就荀首的话威胁荀林父：你身为元帅，连自己的部下都招呼不住，万一先縠覆军杀将，你就能逃得了干系？就不承担领导责任？不如下令全军渡河，就算败了，法不责众嘛。

晋国三军居然是因为这样的裹挟而被迫卷入了一场事关两个超级大国前途与命运的决战，实在令人瞠目结舌。但晋军高层的分裂与内耗还远未结束。三军渡河后，郑国大夫皇戌派人传来了一个消息，声称郑国背晋投楚是形势所逼。楚国陈兵新郑，经过数月的攻坚作战，已成强弩之末，如今接受了郑国的投降，更不会预设防备。晋军如能乘机发动突袭，郑国愿为内应，两下夹击，必破楚军！听到这个消息，先縠如获至宝，当即表态：

"败楚、服郑，于此在矣。必许之！"

——《左传·宣公十二年》

这下子，同为赵党的栾书可不干了。这位性格谨慎的新任下军副将对郑国的诚意深怀疑虑。他指出，郑、楚间已经达成的同盟协议可是以子良、潘尪两位大夫的性命作保的。这二位显贵是什么分量？那一跺脚九城乱颤。如今子良在楚，潘尪入盟，二人交质，郑国却说自己不愿履行城下之盟，这话你也敢信？栾书判断，皇戌放消息的真实目的是要拿晋、楚两国对赌，你们谁赢了我听谁的。这样的里应外合，绝对靠不住。

栾书对先縠的决定提出质疑，迅速引发了更大规模的争吵。赵同、赵括两位大夫力挺先縠，荀首则抨击他们自取咎殃。有意思的是另外两位赵氏家族成员赵朔与赵婴齐的表态。赵朔说：

"栾伯善哉！实其言，必长晋国。"

——《左传·宣公十二年》

仅就战争形势而论，赵朔赞同栾书的判断。但他并没有直接否决先縠，也算是给盟友留了体面。至于赵朔的小叔婴齐，他倒是没发言，却用双脚投出了自己的一票——仗刚打到一半儿，婴齐就下令把回程的渡船收拾好了，真到了晋军兵败山倒的时候，他跑得比谁都快。

如果说渡河南下之前士会表态支持荀林父回军避战，标志着赵党开始出现分歧，那么这一回栾书质疑与郑国联军作战的可靠性则进一步撕裂了赵党的团结，甚至这个裂痕已经深入到赵氏家族的核心成员之间：赵同、赵括与赵朔、赵婴齐都开始出现意见对立了。战斗还没打响,就先积攒了这么多的矛盾,真到了战场上,随着外部因素的介入增强,内部冲突必然更加激化。

就在晋军高层吵得不可开交的时候,楚庄王的使者已经到了辕门之外,传来了庄王的"和谈条件":

> "寡君少遭闵凶,不能文。闻二先君之出入此行也,将郑是训定,岂敢求罪于晋?二三子无淹久!"
>
> ——《左传·宣公十二年》

楚国使者声称,楚军的此次行动只是单纯地针对郑国发起的,绝没有挑衅晋国的意思,因此楚国方面不愿意看到楚、晋两军在战场上发生正面冲突。面上的话说得很客气,但仔细分析这两句外交辞令——"闻二先君之出入此行也,将郑是训定",其间却暗含着楚国与晋国和谈的价码:郑国这块地方,自先君成王、穆王时代起,就一直有楚国的力量存在,因此从历史传统上说它就该是楚国的势力范围,楚军北上不过是管教管教郑国这个不听话的小兄弟。如果晋国承认楚国"执行家法"的权力,那么双方就能维持和平。

听完楚使申述来意,上军主将士会代表晋国做出了这样的响应:

> "昔平王命我先君文侯曰:'与郑夹辅周室,毋废王命!'今郑不率,寡君使群臣问诸郑,岂敢辱候人?敢拜君命之辱。"
>
> ——《左传·宣公十二年》

因为楚使声言这一趟不是来请战而是来请和的，士会当然不愿意挑起战争的罪责落到晋国头上，所以他也向楚国方面表达了晋国渴望和平的意愿。但士会同时强调，在郑国的管辖权这一问题上，晋国有着与楚国不同的理解。晋国乃是诸侯盟主，代天子行令。南下援郑绝非插手楚国的内务，而是获得了周天子明确授权的：普天之下，莫非王土，郑国的事儿我当然要管，也有权力管。

这本是一番有理、有利、有节的漂亮回答，但年轻气盛的中军副将先縠却嫌士会的表态太过软弱，指示大夫赵括重新阐述晋国的立场：

> 彘子以为谄，使赵括从而更之，曰："行人失辞。寡君使群臣迁大国之迹于郑，曰：'无辟敌！'群臣无所逃命。"
>
> ——《左传·宣公十二年》

我想象着当赵括说出"行人失辞"这四个字的时候，在场的其他人可能都惊呆了。这句话翻译过来，就是"士会说错话了"，这不但直接暴露了晋军高层的内部矛盾，更是当着外国使臣的面狠狠地打了士会的脸。战争结束后，身为主帅的荀林父主动向晋景公表态甘愿以死谢罪，是谁在刀下把他救了回来？《史记》说是士会，《左传》说是士会的族亲士渥浊。无论是他们当中的哪一位，指向的都是这个事实：范氏已经被先縠和赵括的不理智推到了中行氏的战壕里，成了别人的战友。付出了这么大的代价，先縠和赵括到底想表达什么呢？他们两位的意思是：晋军这一趟南下的目的，就是要全面、彻底地清除楚国在郑国的影响力，为此不惜与楚国一战！这无异于向楚庄王下战表。

晋、楚双方的第一次外交接触，分歧很大。而分歧的焦点又集中在两家各自提出了不同的法理依据以申诉对郑国的管辖权。同时，在如何对待晋、楚双方的分歧这一问题上，晋国内部的意见冲突也很严重。先縠是极力主张通过战争手段来维护权益的，而荀林父和士会则显然还寄希望于通过和平谈判弥缝双方的意见分歧。正当局势就此陷入僵持的时候，《左传》的叙述却毫无征兆地突发转折：

> 楚子又使求成于晋，晋人许之，盟有日矣。
>
> ——《左传·宣公十二年》

很奇怪的是，在我所翻阅过的《中国断代史系列·春秋史》《中国历代军事战略》和《中国军事通史·春秋军事史》等历史著作中，竟然没有人对上述记载提出疑问：《左传》说第一次谈判受阻之后，楚庄王迅速派出使者开启了双方的第二轮谈判，并且很快就达成了一致，甚至还与晋国方面约定了签署和平协议的时间——在第一轮谈判分歧如此之大的情况下，晋国的和、战两派怎样就和谈协调了立场，楚庄王又开出了什么条件才争取到了这个订盟的机会呢？要推测楚庄王这一回开出的价码，我们必须注意到这个事实，那就是这一次同楚国订盟是邲之战的全过程当中晋军领导层唯一一次意见统一的行动。这就意味着先縠和荀林父、士会两方面都能接受楚庄王的议和条件，甚至先縠对议和的态度较之士会还要更积极一点——在晋国使者奉命前往楚军大营召盟之际，士会担心楚国方面怀诈，提醒三军应该预作防范，但先縠为了显示和谈诚意，拒绝了士会的建议。

先縠的这个态度说明他对楚国方面开出的价码很满意，而这一轮谈判又是楚庄王上赶着来谈的，照常理推断他该有所让步。因此我认为楚庄王当时开出的谈判条件最有可能是：楚军退出郑国。唯有这个条件才能让晋国的鹰派和鸽派在最短的时间内协调立场，一致同意与楚国签约。但是楚庄王倾国北征，苦战数月才征服了郑国，他能这么轻易地把吃到嘴里的肥肉吐出去吗？绝无可能。就在晋楚双方约定会盟日期之后，《左传》紧接着便写道：

> 楚许伯御乐伯，摄叔为右，以致晋师。
>
> ——《左传·宣公十二年》

"致师"，通俗地说就是单车挑战，这是中国上古时期最有特色的军事礼仪之一。后来《三国演义》中的阵前单挑，双方武将动辄恶斗三百回合，就是在古代"致师礼"的基础上渲染而成的。"致师"的目的何在？东汉学者郑玄说：

> 致师者，致其必战之志。古者将战，先使勇力之士犯敌焉。
>
> ——《周礼·夏官·环人职》郑玄注

这就奇怪了。楚庄王才同晋国达成了和平协议，怎么使者前脚刚走，楚军勇士后脚就来表达"必战之志"了呢？我们都知道，邲之战的最终爆发是因为前往楚军大营召盟的两位晋国使者魏锜、赵旃违令而行，不请和，反请战，最终点燃了大战的导火索。那么许伯等三位楚军勇士前来致师是否也属于擅自行事，没有得到楚庄王的授权呢？我认为这种可能性很小，因为士会说过：

（楚国）百官象物而动，军政不戒而备，能用典矣。

——《左传·宣公十二年》

在楚庄王这位政治强人的统治下，楚国号令严明，动止有度，谁敢违拗他的决定，自作主张呢？可是一面议和，一面又来挑战，楚庄王耍这套翻手为云覆手为雨的把戏究竟想干什么？为《左传》作疏的唐代学者孔颖达说，这是为了"疑误晋之群帅也"，也就是让晋军领导层摸不透楚国的真实意图，难以做出灵敏的应对。这个推测不为无理，但我觉得它可能还没有说到根儿上。春秋时代的战争不同于战国以后那种赤裸裸的弱肉强食，它仍是在礼法思想的严格约束下运转的冷兵器博弈。对参战双方来说，谁能够抢占道义的制高点，建立起开战的法理依据，谁就更有可能掌握战争的主动权。当年的城濮之战，晋文公决定退避三舍，也有许多将领感到困惑，狐偃向他们解释道：

"师直为壮，曲为老，岂在久乎？微楚之惠不及此，退三舍辟之，所以报也。背惠食言，以亢其雠，我曲楚直，其众素饱,不可谓老。我退而楚还,我将何求?若其不还,君退、臣犯,曲在彼矣。"

——《左传·僖公二十八年》

退避三舍,名义上是还楚成王一份旧情,实际上是要撇清战争绝非自我开衅。倘若晋军退避礼让,楚军仍然穷追猛打,那么止戈为武,就怪不得我自卫反击了。这一回晋军援郑伐楚,行动迟缓,在抵达战场前,郑、楚两国已经签署了弭兵协议,因此在先縠执意渡河挑战时,栾书就曾举出狐偃的旧例,质疑开战的正义性。他说:

"先大夫子犯有言曰:'师直为壮,曲为老。'我则不德,而徼怨于楚。我曲楚直,不可谓老。"

——《左传·宣公十二年》

栾书不想看到晋国沦为世人眼中的战争贩子,那将导致晋国的追随者离心离德。而这也正是楚庄王所担心的。所以战斗打响后,楚庄王派人向随行参战的唐国国君下达攻击命令。为了能让唐军殊死战斗,庄王也不得不假惺惺地来一番自我检讨:

楚子使唐狡与蔡鸠居告唐惠侯曰:"不穀不德而贪,以遇大敌,不穀之罪也。然楚不克,君之羞也。敢藉君灵,以济楚师。"

——《左传·宣公十二年》

栾书和楚庄王的上述表现说明，对晋、楚两个有志收服诸侯、成就霸业的超级大国来说，霸权的争夺并不仅仅发生在战场上，舆论高点的争夺同样重要，也同样激烈。

《史记·楚世家》对邲之战的记述是这样的：

> 夏六月，晋救郑，与楚战，大败晋师河上，遂至衡雍而归。

从这儿看，挑起战争的一方是晋国。

还是司马迁写的这部书，《晋世家》的记载却与此截然相反：

> （晋军）卒度河。楚已服郑，欲饮马于河为名而去。楚与晋军大战。郑新附楚，畏之，反助楚攻晋。晋军败，走河，争度，船中人指甚众。楚虏我将智䓨。

《晋世家》的记载中有两处微妙的细节。首先，"楚虏我将智䓨"，意味着司马迁的文字很可能录自晋国国史，要是这样，那"楚与晋军大战"——楚方先挑起战争的说法就该出自晋国史官。其次，"欲饮马于河为名而去"同"楚与晋军大战"两句之间文脉断裂，很不连贯——楚庄王饮马于河后都打算回去了，为什么又主动攻击晋军呢？这个生硬的修改痕迹可能源于晋国史官对事实的刻意弥缝，目的就是要把开战的罪责加诸楚方：楚庄王一面授意和谈，一面派人挑战，最终打起来了，那可不得怪你吗？晋楚两国互相指责对方挑衅在先，那在中立的第三方看起来，这场笔墨官司谁曲谁直呢？至少，孔子是左袒楚国的，因为《春秋》的叙述是：

> 夏六月乙卯，晋荀林父帅师及楚子，战于邲，晋师败绩。
>
> ——《春秋·宣公十二年》

"及"就是上赶着，发动战争的屎盆子最后还是被兵不厌诈的楚庄王扣到了晋国的头上。

晋国被指为战争祸首，魏锜、赵旃两位大夫罪责难逃。因为正是他们中了楚庄王的激将计，在楚国三勇士致师后擅自挑衅了楚军：

> 晋魏锜求公族未得，而怒，欲败晋师。请致师，弗许。请使，许之。遂往，请战而还。……赵旃求卿未得，且怒于失楚之致师者，请挑战，弗许。请召盟，许之，与魏锜皆命而往。
>
> ——《左传·宣公十二年》

这段记载中最容易引发歧义的是"欲败晋师"四字。《中国断代史系列·春秋史》一书对此的解释是：

> 晋将魏锜和赵旃都因为求高官而不得，心中不满，想使晋军失败，请求出使楚营，荀林父答应了。

这是我见过的最糟糕的翻译之一。首先，《左传》中"欲败晋师"的主语仅限于魏锜，而《春秋史》却把赵旃也拉了进来。

其次,"欲败晋师"绝不是吃里爬外,盼着晋国兵败。魏锜是晋国的世袭贵族,与晋国一荣俱荣,一损俱损,晋国败了能有他什么好处?魏锜虽然行事鲁莽,但绝不卑鄙下作。到战役将近结束,晋军一溃千里的时候,还就是魏锜担当下军大夫荀首的御者,翻身杀回了战场,协助荀首击毙楚将连尹襄老,俘获楚庄王之子谷臣,取得了邲之战中晋军唯一可堪称道的战绩。这是祸害晋军的模样吗?

"欲败晋师"该怎么解释?《广雅·释诂》曰:

> 将,欲也。

写下"欲败晋师",并不是《左传》的作者在揣度魏锜出使楚营的目的,而是他站在全知叙述人的角度描述派魏锜出使的后果:"晋军将要因此失败了。"同为使臣,魏锜和赵旃有一个突出的共同点,他们都仕途失意(魏锜谋求公族大夫未果,赵旃希望晋级六卿不成),迫切地想在战场上立功。看到楚军勇士带有轻侮性质的致师行为后,二人盛怒难当,强烈要求以牙还牙。可是晋、楚两国毕竟已经达成了和平协议,差一步就能签约了,主帅荀林父不能眼瞅着功亏一篑,所以魏锜、赵旃的请战要求都被否决了。

就是在这儿,《左传》出现了又一个令人费解的记载:魏锜、赵旃请战不成,改口说愿为使者前往楚营召盟,竟然获得了批准。两个态度如此坚决、情绪如此激动的主战派前往楚军大营谈和，该是一件多么危险的事情。你能想象宋高宗派岳飞为使，去金国和谈吗？那能谈成吗？所以魏锜、赵旃刚走，上军副将郤克马上就发出了预警：

"二憾往矣，弗备，必败。"

——《左传·宣公十二年》

郤克说魏锜和赵旃这一趟出使必然坏事，如果我们不预做准备，等楚军掩杀过来，后果不堪设想。郤克的话立即引起了旁人的响应。他刚一说完，顶头上司士会也表达了同样的观点：

"备之善。若二子怒楚，楚人乘我，丧师无日矣，不如备之。"

——《左传·宣公十二年》

这就奇怪了。明知道魏锜、赵旃出使可能会闯祸，为什么还要派他俩去？又是谁力主派他俩去的呢？郤克和士会的可能性应该被排除。因为魏锜、赵旃出使后，这两位上军指挥官马上进行了作战部署，指派巩朔和韩穿依托敖山的地形布置了七处伏兵。和谈使者前脚出发，后脚就准备打仗，摆明了就是不相信魏、赵能促成和谈。那么反过来推论，谁极力反对战斗部署，谁对魏、赵二人的信心就最强，就最有可能是派他们出使的人。那这个人就该是先縠：

彘子曰："郑人劝战，弗敢从也；楚人求成，弗能好也。

师无成命，多备何为？"

——《左传·宣公十二年》

先縠为什么力主让魏锜、赵旃出使？我想是因为他俩对这场战争的思考与先縠最为接近：这三位爷都把晋、楚交兵的战场当成了争夺高官显爵的名利场。为了不让自己的政治形象失分，他们是绝不会顾全大局、放低身段去和楚国进行谈判的。因此派魏锜和赵旃出使，能够最大限度地避免像士会那样被先縠批评为"谄"的外交辞令。先縠决定派魏锜、赵旃出使对于已经非常脆弱的赵氏同盟来说无异于沉重的一击。魏、赵走后，郤克眼看先縠对自己的警告无动于衷，索性跟士会一起撇开中、下两军，单独对上军发布了战备指令。名为一党，却各行其是，到了这个地步，赵党成员已经显露出分道扬镳的倾向了。

不过话说回来，郤克的担忧绝非多余，魏锜和赵旃领命出使，真的惹祸了。他们打着议和使者的幌子出来，却径直前往楚营挑战。尤其是赵旃，抵达楚营之后派自己的随从闯入辕门。很快，楚庄王便亲率禁卫军左广追了出来。而这边儿呢，晋军大本营担心魏锜、赵旃旁生枝节，特意派了兵车前来接应他们。楚军一看前方掀起了尘头，误以为晋军发动突袭了。楚庄王还冲在最前面呢，绝不能让他陷入晋军的包围！令尹孙叔敖情急之下，命令楚军全线出击：

楚人亦惧王之入晋军也，遂出陈。孙叔曰："进之！宁我薄人，无人薄我。……"遂疾进师，车驰、卒奔，乘晋军。桓子（荀林父）不知所为，鼓于军中曰："先济者有赏！"中军、下军争舟，舟中之指可掬也。

——《左传·宣公十二年》

当楚军大部队如潮水般涌向晋军大营的时候，面对这一突如其来的变故，主帅荀林父却没有任何预案。这位自文公朝以来身经百战的老将军到此已经完全失去了对局势的掌控，只得仓促下令晋军撤退，由此演成了晋军在邲之战中最后也是最惨烈的大溃败。

"不知所为"，虽然《左传》所形容的是荀林父在决战时刻的手足无措，但我却觉得这也可以视作这位统帅在整个战役过程中的一贯表现——他并非不想有所作为，而是领袖权威的缺失、赵党强势的掣肘让他不能有所作为。从这个角度看去，要指望荀林父像晋景公设计的那样成为制衡赵党的砝码，时机还远未成熟。

邲之战的惨败给了晋国沉重的一击。这个在中原霸主的宝座上稳坐了三十余年的超级大国遽然跌落。谁又该为此承担责任呢？

（公元前596年）冬，晋人讨邲之败与清之师，归罪于先縠而杀之，尽灭其族。

——《左传·宣公十三年》

邲之战的次年，中军副将先縠遭到了最严厉的惩罚：族诛。《左传》的作者说，这跟他在邲之战中的一系列决策失误有直接关系。如果我们孤立地看待这个结果，似乎荀首在开战前的警告——"果遇，必败，彘子尸之，虽免而归，必有大咎"——应验了。但事实真就这么简单吗？让我们先来梳理一下邲之战结束后晋国政坛发生的一系列相关事件。

据《左传》所言，晋国败军返回国内已是公元前597年的秋天。回国之后，中军元帅荀林父主动向晋景公请求以死谢罪。这并不意外，因为早在战前，军司马韩厥就威胁过荀林父：

> "彘子以偏师陷，子罪大矣。子为元帅，师不用命，谁之罪也？"

——《左传·宣公十二年》

韩厥说，就算轻敌冒进的是先縠，但你荀林父身为元帅，统御无方，仍要承担主要领导责任。我个人判断，战后请死很可能是荀林父迫于赵党的压力而做出的一种以退为进的自保策略，因为晋景公不会真的杀了他。一旦处死了荀林父，那赵氏一党势必更加跋扈，届时又有谁有能力、有胆量站出来制衡赵党，保障公室的安全呢？和荀林父的委曲求全形成鲜明对比的是，战败的始作俑者先縠没有任何自责谢罪的表示，也没有遭到任何处罚。不但没有，甚至到了当年冬天，他还获得了意外的奖赏：

> 晋原縠（先縠）、宋华椒、卫孔达、曹人同盟于清丘，

曰:"恤病,讨贰。"

——《左传·宣公十二年》

依照惯例,如果晋侯无法亲自出席诸侯会盟的话,应由中军元帅、首辅大臣代他主盟①。可公元前597年冬天的这次清丘会盟,代替晋景公主盟的不是荀林父而是先縠。这说明邲之战的失败没能对先縠构成威胁。虽然中行氏与赵氏为首的两派在战前就剑拔弩张,各自做好了借战败打击对方的准备,但最终较量的结果却仍是赵党占据了上风,因为荀首的警告落了空,韩厥的威胁却堪堪应验了。

代晋侯主盟,似乎意味着先縠已经逼近了中军元帅的宝座,那为什么局面在短短一年之后便急转直下,使先縠遭遇族诛呢?《左传》说,转折点是这件事情:

(公元前596年)秋,赤狄伐晋,及清,先縠召之也。

——《左传·宣公十三年》

公元前596年(也就是邲之战的次年)秋天,赤狄发动了对晋国的战争,一度逼近晋都绛邑西南的清原。差一点儿,晋国就要准备国都保卫战了。这么危险的局面是谁造成的?《左传》说"先縠召之也"。这看似简单的五个字着实令人费解。杜预对此的

---

① 晋国此前唯一一个由非中军元帅代替晋侯主盟的案例发生在公元前625年六月,司空士縠代替晋襄公主持了垂陇会盟。但士縠本是晋襄公钦点的下一任中军元帅人选,所以仍可视为让他提前熟悉首辅的工作内容。

解释是:

> (先縠)邲战不得志,故召狄欲为变。
>
> ——《左传·宣公十三年》注

杜预说,先縠因为在邲之战中没能达成他的目的,所以勾结赤狄,意图叛变。无独有偶,司马迁在《史记·晋世家》中记载了另一种异闻,也指责先縠里通外国,援狄攻晋:

> 四年(公元前596年),先縠以首计而败晋军河上,恐诛,乃奔翟,与翟谋伐晋。晋觉,乃族縠。

因为有司马迁和杜预两位学者联名作保,所以历来都很少有人质疑先縠勾结赤狄、反叛晋国的可能性。但我私下以为,先縠叛乱一说可能是对《左传》"先縠召之"四字的误读。

在晋国此前的历史上,从没有过援引狄人势力、颠覆晋国政权的先例。公元前655年,晋文公因骊姬之难逃亡白狄,待了整整十二年也没能借狄人之力杀回晋国。公元前621年,晋国豪门狐氏的宗主狐射姑因与赵盾争夺首辅之位失败投狄,同样没能借狄人之力卷土重来。狄人乃是晋文公的母家,狐氏更是早年遗落在狄人中的姬姓支裔,连晋文公和狐射姑都做不到援狄为变,同狄人素无渊源的先氏家族又怎么会出此下策呢?另外,我们不要忘了,此时赤狄诸部中的最强者——潞氏之君潞子婴儿已经与晋国公室联姻联亲,潞子婴儿的夫人就是晋景公的胞姊伯姬,狄人又怎么会突然翻脸，同意与先縠联手图晋？再退一步说，就算先縠能够说服赤狄与自己联兵犯晋，那他想达到什么目的？想做石敬瑭吗？在春秋的特定历史条件和政治氛围下，那是根本不可想象的事情。司马迁和杜预都说先縠犯了叛国罪，可是他们对犯罪动机的解释却令人生疑：正如我在前文中所分析的那样，邲之战的战败责任是由荀林父一肩承担的，先縠并没有遭到任何处罚，他有什么理由害怕被杀？代替晋景公主持会盟，意味着先縠的政治地位在战后还有提高，这不正是他孜孜以求的吗？又怎么能说他不得志？所以我认为《左传》的"先縠召之"这句话不能理解为先縠勾结赤狄侵犯晋国，而应该理解为赤狄攻击晋国的这番祸事是先縠招来的。是他的主动挑衅招来了狄人的猛烈报复，险些让狄兵进逼到国都绛邑的城门之下。

我之所以做出这个推断，是因为《左传》记载了这么一件事情：在先氏被族灭的两年后，赤狄潞氏的执政大臣丰舒发动了政变，不但杀死了晋景公的姐姐伯姬，还刺伤了狄君潞子婴儿的眼睛。晋国以此为借口，命中军元帅荀林父挥师东进，一举消灭了赤狄潞氏。胜利后，荀林父不但一洗败军之将的污名，真正树起了首辅大臣的权威，更因此获得了晋景公赏赐的"狄臣千室"，迅速壮大了家族的经济实力。从此，中行氏才真正成为让晋国人仰视的政治豪门。

纵观晋国对外扩张的历史，每当它被楚国压制，无力争夺中原诸侯之际，兵锋就会转向周边的少数民族，通过兼并狄人的土地和人口来扩充自己的实力。这种扩张方式也就是范武子士会所说"兼弱攻昧"。荀林父消灭赤狄潞氏所获得的丰厚回报证明了主导伐狄战争对晋国各卿族具有重要的政治价值和经济价值。在伐楚失利之后，伐狄是晋国各卿族最有可能收获战争红利的选项。先縠在邲之战时因立功心切，挑衅楚国，导致兵败；邲之战后他仍不吸取教训，又把进攻的矛头转向赤狄，结果招来了狄人的猛烈报复，首都险些因此受兵。《左传》说"晋人讨邲之败与清之师，归罪于先縠而杀之"，说明"邲之战"与"清之师"这两条罪状是具有某种共性的——都是先縠急功近利、轻启战端的过错。这恐怕才是先縠两罪并罚、遭到族诛的真实原因。

先縠被杀的第二年即公元前595年，晋国举行了大蒐礼，这意味着先氏家族灭亡后，晋国的权力高层又开始了新一轮的洗牌。

公元前594年，荀林父率军消灭赤狄潞氏，中行氏的威望水涨船高。

公元前593年，士会挥师消灭赤狄甲氏及留吁铎辰，并因此代替去世的荀林父成为新任中军元帅，范氏也跻身晋国豪门之列。

中行氏和范氏的强势崛起，使得晋国原来赵氏独大的权力格局发生了根本的改变，中行氏、范氏连同后来执政的郤氏和余威尚存的赵氏,形成了势均力敌、相互牵制的新局面。此时各家贵族,哪怕贵为首辅之家,也不能像赵盾当国的时候那样一言九鼎,为所欲为了。《国语·晋语五》中记载的这个小故事很能说明此时贵族交往的原则与禁忌:

> 范文子(士燮)暮退于朝。武子(士会)曰:"何暮也?"对曰:"有秦客廋辞(隐伏谲诡之辞)于朝,大夫莫之能对也,吾知三焉。"武子怒曰:"大夫非不能也,让父兄也。尔童子,而三掩人于朝。吾不在晋国,亡无日矣。"击之以杖,折委笄。

一个秦国来的使者在朝堂上用隐语刁难晋国诸大臣。年轻的士燮退朝后得意扬扬地告诉父亲士会,旁人都不能对答,只有他解出了秦使的三句隐语。原以为自己会得到父亲的夸奖,没想到士会居然为之震怒,举起拐杖痛打士燮,一边打还一边训斥他说:"人家都不发言,那是表示谦让。你可倒好,一个后生小子居然敢连续三次抢别人的风头,哪天我要是死了,范氏非毁在你手里不可!"

现在的晋国,话事的人多起来了,说话办事就得更加小心,千万千万别当那只被人瞄准的出头鸟。但宦海浮沉、历尽沧桑的士会能保持低调,不代表别人也能。比如赵盾的两位庶弟赵同和赵括,他们就还沉浸在赵家昔日的辉煌里,端起的架子总是放不下来。就在荀林父消灭赤狄潞氏的那一年,晋景公派赵同南下王毂，向周定王报捷献俘。到了天子跟前，赵同仍然飞扬跋扈。王朝卿士刘康公因此预言道：

"不及十年，原叔必有大咎。"

——《左传·宣公十五年》

十年之内，赵同将为赵家招来一场大祸。《左传》惯用预言以启后事，刘康公说的这场大祸正是"下宫之难"。而要点燃下宫之难的导火索，还要等待一个关键人物的上台，那就是在公元前587年新被晋景公任命为中军元帅的栾书。

叁

公元前587年，无论对晋国还是对赵家，都是一个重要的年份。在这一年里，晋国发生了两件大事。第一件是中军元帅、首辅大臣又换人了。郤克去世，栾书接替了他的职务。第二件则是晋国赵氏的门阃之内传出了一桩丑闻：

晋赵婴通于赵庄姬。

——《左传·成公四年》

庄姬是已故下军主将赵朔的原配夫人，而赵婴齐则是赵朔的小叔。夫叔与侄媳做下了苟且之事，赵氏家族因此蒙羞，这让婴齐的两位哥哥赵同、赵括异常恼怒。

到了第二年春天,他们联手将婴齐逐出了晋国:

> 五年春,原、屏(赵同、赵括)放诸齐。婴曰:"我在,故栾氏不作。我亡,吾二昆其忧哉。且人各有能、有不能,舍我,何害?"弗听。
>
> ——《左传·成公五年》

婴齐在流亡齐国之前警告两位兄长说:一旦我离开了,二位哥哥怕有大难临头。同、括对此不屑一顾,谁承想三年过后,婴齐的话居然应验了:

> (公元前583年)晋赵庄姬为赵婴之亡故,谮之于晋侯,曰:"原、屏将为乱。"栾、郤为征。六月,晋讨赵同、赵括。(赵)武从姬氏(庄姬)畜于公宫。以其田与祁奚。韩厥言于晋侯曰:"成季(赵衰)之勋,宣孟(赵盾)之忠,而无后,为善者其惧矣。……"乃立武,而反其田焉。
>
> ——《左传·成公八年》

因为对赵同、赵括驱逐婴齐衔恨在心,庄姬向晋景公诬告同、括蓄意谋反。栾、郤两家卿族落井下石,为庄姬出具伪证,促使晋景公下达了武力讨伐的命令。赵同、赵括双双罹难,赵氏家族的采邑田产也被公室尽数没收。还是韩厥出面向景公求情,景公才同意恢复赵氏的爵禄田邑,由庄姬之子——"赵氏孤儿"赵武继承。这便是"下宫之难"的简要经过。

历代学者对晋景公发动下宫之难的原因和目的多有猜测，纵观诸家歧说，焦点主要集中在以下两个问题上：第一，"下宫之难"究竟是因庄姬进谗而发，还是因栾、郤作证而发？第二，发动"下宫之难"是仅限于讨伐赵同、赵括，还是要将整个赵氏家族彻底铲除？事实上这两个问题又是相互联系的：如果是庄姬发难，她本来就是赵家的媳妇，当然不可能以族灭赵氏为目的，好歹还得给儿子赵武保留一份儿家当不是？但发难的要是栾氏和郤氏，那他们的目的何在，就得再做进一步的深究了。

我个人的看法，引发"下宫之难"的主要因素是栾、郤，具体地说，栾氏宗主、中军元帅栾书应该是事件的主谋。至于庄姬，她不可能是"下宫之难"的主要策划者。因为赵婴齐被赵同、赵括逐出晋国已经是三年前的旧事了。如果说庄姬因此怀恨，意欲中伤同、括，为奸夫报仇，那么依照常理推断，她应该在婴齐刚刚出逃，内心仇恨最为强烈的时候实施报复，没道理拖到三年以后才向景公诬陷同、括谋逆。栾、郤二氏后来为庄姬伪造了赵同、赵括谋反的黑材料，这反过来证明庄姬一开始告发同、括的时候举证不力，她并没有抓到任何能够置赵同、赵括于死地的把柄。因此整整三年的时间，景公都没有采取任何行动。另外一个不可忽略的细节是，婴齐出逃之前对赵同、赵括说"我在，故栾氏不作"——我要是留在晋国，栾书就还不至于对你们下毒手。从涉事人的这番亲身观察也可以印证栾书才是"下宫之难"的策划者,他出具的伪证才具有最致命的杀伤力,至于庄姬,只是不幸沦为栾书诛除异己的工具而已。

栾书为什么要制造"下宫之难",又为什么要选在公元前583年的这个时间点上制造"下宫之难"呢?要回答这些问题,我们还得从栾书受命为中军元帅的事说起。他这个中军元帅的上台很特别,跟此前晋国的历任中军元帅都不一样。

这是公元前589年的晋国三军六卿名单:

中军将:郤克　　　　　　中军佐:荀首

上军将:荀庚　　　　　　上军佐:士燮

下军将:栾书　　　　　　下军佐:推论当为赵同

当时的栾书还是六卿中排名第五的下军主将。两年以后首辅郤克故去,栾书却出人意料地越过排名靠前的荀首、荀庚和士燮三卿,被越级提拔到中军元帅的位置上。晋景公为什么要这样安排?在前文中我曾经提到,为了遏制赵氏的一家独大,晋景公从公元前597年的邲之战前就开始刻意扶植其他卿族的势力来制衡赵氏。到公元前593年,中行氏、范氏迭秉朝政,他们的崛起终结了赵氏专权的局面,晋国进入了"众建诸侯而少其力"的政治新格局。对晋景公来说,要维持这个来之不易的局面,必须做到两点:首先是要尽可能扩大参政的卿族数量,其次则必须设法抑制诸卿兼并,避免出现政治寡头。为了实现第一个目标,景公在鞌之战的次年颁布了这样一道任命:

(公元前588年)十二月甲戌，晋作六军。韩厥、赵括、巩朔、韩穿、荀骓、赵旃皆为卿，赏鞌之功也。

——《左传·成公三年》

在这一年，晋景公将晋国原有的三军六卿扩编为规模空前的六军十二卿。扩军并不是因为晋国的军事力量有了成倍的增长——事实上，因为"军"并非严格意义上的建制单位，每一军统辖多少兵力是随战争需要而临时决定的，所以也就没必要因为兵力的增长而扩"军"——而是为了犒赏在公元前589年晋、齐鞌之战中立功的参战人员。韩厥等六位大夫晋升为卿，这意味着晋国的领导权力被进一步分散，朝堂上能做主的人越来越多了。

又过了一年（公元前587年），中军元帅郤克去世，如果依照顺位递补的原则，荀首、荀庚和士燮继任的可能性都要大于栾书，但晋景公没有选择他们，这是因为：荀首是已故中军元帅荀林父的庶弟，智氏家族的宗主；荀庚则是荀林父的嫡长子，中行氏家族的宗主。中行氏与智氏血脉同源，无论任命荀庚、荀首当中的哪一位出任首辅，只要联合另外一家，就足以形成对其他各卿族的绝对优势。至于士燮，他的父亲、致仕首辅士会这时候可还健在呢。要是命士燮出任首辅，那就意味着范氏一门之内将有两位首辅大臣，谁又能够与之匹敌呢？一边是兄弟并肩，一边是父子联手，无论选谁，结果都会出现一个新的政治寡头，这是晋景公绝不能接受的，所以他挑了实力最弱的栾书。

点栾书的将,晋景公的初衷只是不希望首辅大臣太强,对君权造成压迫。但站在栾书的角度想想,他这个"史上最弱势"的首辅大臣又该怎么当?既然坐上了首辅的位置,你就不能一直这么弱势下去,否则邲之战时的荀林父就是榜样:副将先縠不听号令、违命出击,捅了大娄子还得是你这个首辅大臣站出来谢罪请死。就在栾书上台两年以后,荀林父曾经遇到的难题就被摆到了栾书的跟前。

公元前585年,因为郑国背楚投晋,楚国令尹子重挥师北上,讨伐郑国。栾书以中军元帅的身份统领晋军南下救援,晋、楚两军在邲之战后又一次在中原战场上遭遇:

> 晋栾书救郑,与楚师遇于绕角。楚师还。晋师遂侵蔡。楚公子申、公子成以申、息之师救蔡,御诸桑隧。赵同、赵括欲战,请于武子(栾书),武子将许之。知庄子、范文子、韩献子谏曰:"不可。吾来救郑,楚师去我,吾遂至于此,是迁戮也。戮而不已,又怒楚师,战必不克。虽克,不令。成师以出,而败楚之二县,何荣之有焉?若不能败,为辱已甚,不如还也。"乃遂还。

——《左传·成公六年》

这一幕与邲之战何其相似:当初,晋军在邲之战前抵达黄河北岸,楚国已经与郑国签订了弭兵协议,是晋国中军副将先縠执意渡河挑衅才最终酿成了邲之战的惨败;如今晋、楚两军相遇于方城以北的绕角，楚军已经主动后撤了，可晋军又上赶着追了过去，攻击楚国的附属国蔡国。更应该让栾书感到不安的是，他的下属中也有不听话的"先縠"：赵氏二卿赵同、赵括就像当年先縠在邲之战时的表现一样，极力主张对楚开战。

> 于是军帅之欲战者众。或谓栾武子曰："圣人与众同欲，是以济事，子盍从众？子为大政，将酌于民者也。子之佐十一人，其不欲战者，三人而已。欲战者可谓众矣。《商书》曰'三人占，从二人'，众故也。"
>
> ——《左传·成公六年》

这时晋军的多数高级将领都支持赵同、赵括的意见，甚至军中已经出现了要求栾书服从多数的声音，这说明赵同、赵括的主战思想已经裹挟他人，对中军元帅栾书构成了压力。婴齐出亡之前为什么要说如果他在，栾书还不至于对赵同、赵括下毒手？因为当年邲之战时，赵同、赵括就是先縠的盲目追随者，而婴齐则对局势保持着更为冷静的观察，他可不会跟着两个哥哥瞎起哄。如果这一次绕角之战有婴齐劝着，栾书和赵同、赵括的矛盾还不至于激化，可现在婴齐已经不在了……

邲之战时先縠挑衅楚军，引爆大战，战败后并没有立即遭到追责，那是因为当初的赵氏一党还非常强势，中军元帅荀林父无力与之抗衡，先縠要开战他拦不住，战败了他也拿先縠无可奈何。可到了绕角之战，情形就大不一样了：栾书虽然弱势，但在智氏、范氏和韩氏的支持下还就硬生生地把赵同、赵括的主战意见给压了下去。这说明在多边制衡的权力新格局下,赵氏如今的政治能量已经远不能和当年相提并论。官场上有句俗话,你没这么硬的后台就别说这么硬的话。现在赵同、赵括的后台已经软下来了,话茬儿还是这么硬,栾书能不对他们起杀心吗?所以这一次绕角之战,赵同、赵括挑战栾书的统帅权威应该是栾书下决心发动"下宫之难"的直接原因。

杜琪峰导演的电影《龙城岁月》里面,许警司对和联胜的帮会元老邓伯说:"我要秩序。谁搞麻烦我就打谁,打死他!"这大概也是栾书执政的一贯态度,不仅是针对赵家两兄弟。公元前575年,也就是"下宫之难"的十一年后,晋、楚两国在鄢陵再度交兵。郤氏三卿郤至、郤锜和郤犨像赵同、赵括一样置主帅栾书的意志于不顾,违抗他的战术安排,主动出击:

> 栾书又怨郤至不用其计而遂败楚,乃使人间谢楚。楚来诈厉公曰:"鄢陵之战实至召楚,欲作乱,内子周立之。会与国不俱,是以事不成。"厉公告栾书,栾书曰:"其殆有矣,愿公试使人之周,微考之。"果使郤至于周。栾书又使公子周见郤至,郤至不知见卖也,厉公验之信然,遂怨郤至,欲杀之。

——《史记·晋世家》

虽然鄢陵之战是晋国打赢了,但栾书仍对三郤不听号令耿耿于怀，于是设下反间计，诬蔑郤氏勾结楚国，意图颠覆晋国的现政权，另立新君，诱导晋厉公攻杀三郤，还把他们的尸体陈列在朝堂里示众。在栾书的逻辑里边，仗打不打得赢是次要的，维护首辅大臣的权威是主要的，谁当刺儿头，就拿谁开刀。而前有二赵，后有三郤，他们的做派如出一辙，都那么飞扬跋扈、不可一世，因此也早有人对他们的命运结局做出过相似的预言：

> 晋侯使赵同献狄俘于周，不敬。刘康公曰："不及十年，原叔必有大咎。天夺之魄矣。"
>
> ——《左传·宣公十五年》

> 十三年春，晋侯使郤锜来乞师，将事不敬。孟献子曰："郤氏其亡乎！礼，身之干也；敬，身之基也。郤子无基。且先君之嗣卿也，受命以求师，将社稷是卫，而惰，弃君命也，不亡何为？"
>
> ——《左传·成公十三年》

> 卫侯飨苦成叔（郤犫），宁惠子相。苦成叔傲。宁子曰："苦成家其亡乎！古之为享食也，以观威仪、省祸福也。故《诗》曰：'兕觥其觩，旨酒思柔。彼交匪傲，万福来求。'今夫子傲，取祸之道也。"
>
> ——《左传·成公十四年》

作为晋国的首辅大臣，栾书没有先前的赵盾那么强势和霸道,但他是一个可怕的阴谋家,接连两次伪造证据,诬陷赵氏和郤氏谋逆,导致五位执政卿先后被杀。可能正是他的手段太过阴毒,后世传说才会以他为原型,虚构出了"赵氏孤儿"案中那个杀人不眨眼的刽子手屠岸贾。但要特别说明的是,栾书策动"下宫之难"的目的仅限于打击赵同、赵括,绝非要消灭赵氏家族。《国语·晋语六》记载:

> 赵文子冠,见栾武子,武子曰:"美哉!昔吾逮事庄主,华则荣矣,实之不知,请务实乎。"

"下宫之难"过后几年,及冠的"赵氏孤儿"赵武前往拜访中军元帅栾书,栾书接待这位世侄的态度非常热情,不但赞美他是个翩翩少年,还特意提到与赵武之父赵朔搭档的往事,勉励年轻人以他的父亲、自己的老长官赵朔为榜样,做一个华实兼备的士君子。这个态度和当年邲之战时赵朔称赞栾书"栾伯善哉!实其言,必长晋国"相映成趣,折射出栾书与赵氏大宗的关系其实一直都很融洽,并未因为"下宫之难"而反目成仇。

这样一来,下面这件事可就颇费琢磨了:《左传》明明说赵氏大宗的爵禄采邑也在"下宫之难"时被晋国公室没收,还是韩厥帮忙求情,晋景公才发还给赵武的。如果这不是栾书所为,那又是谁出的主意呢?我的判断,是郤氏。同样还是《国语》的这篇记载,赵武拜望过栾书之后,也去拜访了范氏、中行氏、智氏、韩氏以及郤氏三卿。三郤对待赵武是何态度呢?

见郤驹伯（郤锜），驹伯曰："美哉！然而壮不若老者多矣。"

见苦成叔子（郤犨），叔子曰："抑年少而执官者众，吾安容子。"

见温季子（郤至），季子曰："谁之不如，可以求之。"

——《国语·晋语六》

把郤氏三卿的话归纳一下，基本上就是这个意思：你年龄还小，资历又浅，哪儿那么容易在朝廷里谋一份好差事呢？相比于栾书会见赵武时的坦荡自若，郤氏三卿似乎对这位赵家晚辈有着很强的戒心。当赵武把拜会三郤的情景告诉大夫张孟后，张孟直截了当地批评三郤道：

"若夫三郤，亡人之言也，何称述焉！"

——《国语·晋语六》

这一趟，赵武历访诸卿，栾氏、范氏、中行氏、智氏和韩氏对这位尚未踏入仕途的年轻人或送上祝福，或资以鼓励，唯有郤氏显得非常各色，极力压制赵武，不欲其出仕，这恐怕跟他们在"下宫之难"当中扮演了不光彩的角色有关。在"下宫之难"发生前，郤氏在晋国六军十二卿之中仅仅保有一席（即公元前587年中军元帅郤克去世，他的嫡长子郤锜入替卿职），而赵氏则占据最多的三席（赵同、赵括和赵旃为卿）。但郤氏在"下宫之难"中往赵氏背后扎刀子，赵氏二卿赵同、赵括并罹其难，此后郤至、郤犫先后获得卿职,"一门三卿"便从赵氏移到了郤氏。郤氏本是赵氏的盟友,郤锜的祖父郤缺就是靠着赵武之祖赵盾的栽培才最终爬上首辅之位的。三郤暗箭伤人,对不起朋友,所以心怀鬼胎的他们一见了赵武,第一反应都是:找后账的来了!"告诉你啊,现在朝廷里可没有你姓赵的位置了,老实待着。"——这副吃相,太难看了。

肆

李孟存、李尚师二先生所著《晋国史》说:

> "下宫之役"是公室对卿大夫斗争取得的第一次胜利,使晋国公室摆脱了赵氏近四十年对晋国政治的垄断。

在历史学界的主流研究当中,"下宫之难"有时候被视作晋国公室对抗卿族专权的里程碑式的胜利。但仔细梳理完这场事变的来龙去脉,我却不能认同这样的判断。甚至我认为,无论对晋国公室还是对卿族赵氏,"下宫之难"的意义都有被高估的嫌疑。早在邲之战前荀林父晋升中军元帅之际,晋卿赵氏一家独大的局面就已经开始松动。邲之战失败后,赵氏庞大的同盟体系更随着中行氏与范氏的相继崛起而渐次瓦解。到了公元前585年绕角之战爆发的时候,赵氏二卿赵同、赵括的开战主张遭到栾氏、范氏、智氏等卿族的联合压制而终于夭折,折射出赵氏主导晋国政治的虚弱与无力,这时的赵氏已经当不起晋国公室的头号威胁了。

事实上,栾氏和郤氏阴谋策划赵同、赵括谋反案并以此为借口发动"下宫之难",晋景公还不能放任赵氏这个曾经压迫公室长达三十余年的卿族就此毁灭。因为赵氏一旦被彻底铲除,失去制衡的栾氏、郤氏就有可能崛起为新的政治寡头,仿效当年的赵盾再行压迫公室。与其那样,不如留下赵氏作为牵制,借以维持晋国政治生态的平衡。赦免赵武,发还封邑,晋景公对赵氏的最终处理应该是基于这样的考虑。

我在很小的时候,曾经读过这样一个寓言故事:

一个年轻的猎人,他不练百步穿杨的箭术,不练开山裂石的刀法,却剑走偏锋地练就了一套学什么像什么的口技。老猎人都瞧不起这个没有硬功夫的后生,而他却以此自负。有一回他独自走进深山打猎。一开始他用手里的竹管吹出呦呦的鹿鸣,一只可爱的小鹿被他吸引了过来。正当他要下手捕捉这只小鹿的时候,旁边突然蹿出一只张牙舞爪的猞猁狲。追踪小鹿而来的猞猁狲把猎人吓得不轻。为了赶走猞猁狲,他赶紧吹出了一阵虎啸。猞猁狲望风而逃,却没承想一头斑斓猛虎又不期而至。猎人无奈之下只得故技重施,吹出一阵狗熊的嚎叫。老虎跑掉了,但猎人却没能脱险,不幸被引来的一头黑熊扑倒,死在了它的爪下。

在春秋史上素有雄主之名的晋景公就像那个猎人。早在他的父亲晋成公当国的时候,晋国公室财力、军力两下衰退,已经彻底失去了独立反击卿族专权的能力。没了"硬功夫"的晋景公不得不练就一手借力打力的"口技",扶植新兴势力来牵制老牌卿族。虽然这在一段时间内迟滞了卿族互相兼并、分裂晋国的历史进程,但公室的权威却不可能依靠这个手段重新树立起来。这一点,在公元前589年的晋、齐鞌之战中体现得格外明显。

鞌之战的三年前(即公元前592年),晋国上军副将郤克奉景公之命出使齐国,邀请齐顷公赴断道之会。郤克觐见齐顷公的时候,顷公之母躲在暗处偷觑,并无礼地嘲笑郤克身形佝偻,是个残疾。受到羞辱的郤克勃然大怒,回国后力请晋景公发兵攻齐。此时的晋国正承受着来自楚庄王的强大压力,切盼齐国施以援手,因此景公干脆地拒绝了郤克的要求:

"子之怨,安足以烦国?"

——《史记·晋世家》

就在那一年,中军元帅士会向晋景公告老致仕,将首辅之位逊于郤克。三年后,齐国侵略鲁、卫,两国向晋国诉冤求援,晋景公命郤克率领士燮、栾书、韩厥三将和八百乘兵车的强大军队东征齐国,一战击溃齐顷公于鞌地。晋军振旅反旆之际,晋景公亲自犒劳郤克、士燮和栾书三将:

郤伯见,公曰:"子之力也夫!"对曰:"君之训也,二三子之力也,臣何力之有焉?"范叔(士燮)见,劳之如郤伯。对曰:"庚所命也,克之制也,燮何力之有焉?"栾伯见,公亦如之。对曰:"燮之诏也,士用命也,书何力之有焉?"

——《左传·成公二年》

从这段记载看,貌似三位将军面对景公的慰劳都显得很谦逊,不敢自矜功劳,反而竞相归美于同僚,中军元帅郤克甚至还特地奉承了晋景公领导有方。晋国貌似又出现了自文公朝后难得一见的君臣融融的局面。但事实真是这样的吗?

齐侯朝于晋,将授玉。郤克趋进曰:"此行也,君为妇人之笑辱也,寡君未之敢任。"

——《左传·成公三年》

鞌之战的次年,被晋军狠狠修理的齐顷公强忍屈辱,亲自前往晋国赔礼道歉。来的时候他专程为晋景公准备了一件贵重的玉器作为见面礼。可就在齐、晋两国元首展开会晤,齐顷公要将玉器奉献给晋景公的时候,中军元帅郤克却快步抢了上来,堵住齐顷公说:"辛苦您跑这一趟,那完全是妇人之笑带给您的耻辱,可不关寡君的事儿哦!"轻描淡写的一句话,却像给了两国元首一人一记响亮的耳光。齐顷公这一趟原是来赔笑脸的,郤克当着齐顷公的面提起顷公之母嘲笑自己的旧恨,还直斥顷公之母为"妇人",这让齐顷公情何以堪?当初郤克受辱,晋景公曾一口否决了他复仇伐齐的请求。这一回与齐国交兵,景公的原意本是要替鲁、卫两国主持公道，而不是替郤克挽回面子。但景公不顾郤克的脸面，郤克就敢无视景公的尊严——我索性跟你挑明了吧，这回我率军伐齐还就是报复我的私仇，跟鲁、卫一毛钱关系没有，也让齐国佬看看现在的晋国到底谁说了算！正卿横到了这个地步，晋景公却拿他毫无办法。

对郤克这只虎来说，士燮、栾书等诸卿才是猞猁狲，才是熊，有牙有爪，不得不防。在他们面前，郤克得大大方方地谦让他们，客客气气地恭维景公，不能让诸卿指责郤氏自矜攻伐，欺上凌下。但面对晋景公就大可不必这么战战兢兢：他就是一个会吹口技的猎人，没有硬杀伤力。

只有树立公室的权威，才能夯实晋国的立国基石。君权不竞，靠"众建诸侯而少其力"的偏方来缓解卿族对公室的压迫，就像给一个垂死的癌症病人注射杜冷丁一样，终究续不了他的命。纵然晋景公在公元前588年将晋国传统的三军六卿扩编到了空前绝后的六军十二卿，把"众建诸侯"的手段用到极致，但缺乏权威的公室仍然无法有效地抑制诸卿兼并。仅仅十年之后，六军十二卿便只剩下四军八卿。而随着郤氏、胥氏、栾氏、范氏、中行氏和智氏在后续的兼并厮杀中相继失败退出，晋国最终还是走向了赵、魏、韩三家分晋的悲惨结局。

三家分晋

壹

公元前621年八月,刚刚走进执政第七年的晋襄公溘然长逝。他的死就像一支哀婉的终曲——曲终人散,晋国历史上一批大有作为的君臣凋零殆尽,晋文公和晋襄公父子创立的辉煌霸业,此时已渐渐沾上了落寞的尘埃。

回想八年前的秋天,晋文公重耳在清原举行规模盛大的军事演习,宣布将全国军事力量整编为五军。先轸、郤溱、先且居、狐偃、栾枝、胥臣、赵衰、箕郑、胥婴、先都十位在争霸战争中立下汗马功劳的晋国勋臣被任命为五军将佐。那个时候,将星熠熠的晋国是天下诸侯都必须小心仰望的霸主。

然而春秋代序,物换星移,转眼来到公元前621年春天,晋国在夷地再次举行军演的时候,曾经见证了清原盛举的十大将帅只剩箕郑、先都两人而已;时至八月,文公之子晋襄公也驾鹤西归了。

但在这个悲伤的时刻,身在晋国的人们却来不及哀悼,来不及缅怀,因为朝堂之上,关于迎立新君的争论正在两位功臣二代——赵盾和狐射姑之间激烈地进行着。

按照西周以来相沿成俗的宗法制度,继承人的问题本来无可争议:晋襄公的太子夷皋应该名正言顺地继承大统,成为晋国新君。但是,在晋襄公执政的这短短七年当中,晋国一直身陷在紧张激烈的对外战争当中。北伐狄人,南略楚国,东服卫国……对了,最重要的,还有西征秦国。如此错综复杂的局面,只有雄才大略的晋襄公能够驾驭。

眼下,他的儿子夷皋还只是一个小孩。忧心社稷的朝臣们纷纷呼吁:"晋国需要一个强有力的成年君主!"于是,晋襄公的遗孀穆嬴和太子夷皋的哭泣便被这一片"立长君"的呼声无情地吞没了。

太子既然不能接任,那么谁该继承大统?身为中军元帅、百僚之首的赵盾首先提议道:

"立公子雍。"

公子雍是晋文公的庶子,晋襄公的庶弟,此时身在秦国,位为亚卿。赵盾之所以提名他,重要原因之一恐怕是公子雍与秦国的亲密关系。赵盾说:

"立襄公弟雍,好善而长,先君爱之。且近于秦。秦,故好也。立善则固,事长则顺,奉爱则孝,结旧好则安。"

——《史记·晋世家》

自先君晋襄公登基以来,秦国始终是晋国霸业最严重也最迫近的威胁。襄公元年(公元前627年),秦穆公趁晋国大丧之际,派遣三将长途偷袭郑国,在返回的途中遭到了晋国中军元帅先轸的坚决阻击,酿成崤之战的惨败,秦晋联盟正式破裂。在此后的数年当中,秦穆公多次兴兵攻晋,终于在公元前624年于王官大破晋军,一雪前耻。

秦晋兵连祸结,晋国却人物凋零。五军将佐与晋襄公的先后谢世让赵盾不得不重新考虑对秦邦交。他主张扶立公子雍,正是希望这位现任的秦国亚卿能够在正位之后敦亲睦邻,重修秦晋旧好,让晋国的霸业不至于因为强邻的挑战而衰落下去。

但是赵盾的这个主张一经提出,就遭到了中军副将狐射姑的坚决反对。他主张立晋襄公的另一个弟弟公子乐为君。他说:

"不如其弟乐。辰嬴嬖于二君,立其子,民必安之。"

——《史记·晋世家》

在晋文公的九位夫人之中,公子乐的母亲辰嬴(即怀嬴)是身份最特殊的一位。因为她曾经是晋文公的侄儿媳妇,也就是文公的前任晋君——晋怀公子圉的夫人。当年身为太子的子圉被父亲晋惠公派往秦国为质,秦穆公将辰嬴嫁给了他,以结与国之好。没想到,在晋惠公病危之际,子圉为了争夺大位,在没有得到秦国同意的情况下抛弃辰嬴,潜逃回国。这让秦穆公非常难堪,于是他转而将辰嬴嫁给晋文公重耳,并支持重耳返国推翻了晋怀公。

在晋国内部的诸多派系中,惠公、怀公一系势力与文公、襄公的敌对倾向最强。文、襄二公执政的时候,他们的铁腕政治压得前者喘不过气来。现在襄公薨逝,新君将自外入主,因为在国内缺乏根基,所以他要坐得住君位,最好能够得到大多数人的支持。狐射姑提名公子乐,正是看中了他的特殊身份,能在惠、怀系和文、襄系之间左右逢源。

单从赵盾和狐射姑的提议来看,两位大臣的主张似乎都出自稳固政局的初衷。所不同者,赵盾的着眼点在改善外交,而狐射姑的着眼点在和辑内政。但真实的情况是,赵、狐二人的廷议争辩背后还有着更深层次的利益关切。这是晋国最显赫的两大家族赵氏与狐氏的一场政治豪赌。为了赢得这一局,对赌双方都将自己的政治前途、家族荣誉全部押上了赌台。

要说明白这场赌局,我们的话题还得倒回去,再从公元前621年春天在夷地举行的那场军演讲起。

贰

公元前621年春天在夷地举行军演,晋襄公的目的是要在老帅凋瘁之后，为晋国遴选一批新的栋梁之材。春秋官制的通例是军政合一，这批新任三军将佐（此时，晋襄公裁撤了新上军和新下军，将军制从原来的"五军制"改为"三军制"）将来也就要成为左右晋国政局走势的新贵了。而在他们之中，由谁来出任中军元帅一职，尤其引人关注。因为中军元帅不但是三军之首，同时还兼着朝廷的执政大臣，是名副其实的晋国"二当家"。

此次军演中，被晋襄公任命为新一届中军元帅的是狐射姑，而他的副手即中军副将的职务，晋襄公则授予了赵盾。

文公一朝，狐射姑的父亲狐偃和赵盾的父亲赵衰都曾经追随晋文公流亡多年，并为文公的最终返国立下汗马功劳。同时呢，狐、赵两家还都与晋国公室沾亲——狐偃是晋文公的舅舅，赵衰是晋文公的连襟。晋襄公选择狐射姑而不是赵盾出任中军元帅，狐射姑之父的这个"舅氏之尊"恐怕助力不小。

既是功臣二代，又是晋襄公的表亲，狐射姑的骄横不难想见。就在这一次夷地军演上，后来出任过晋国上军副将的臾骈就遭到了狐射姑的当众羞辱。和志得意满、飞扬跋扈的狐射姑比起来，站在他身边的副手赵盾要显得更加谦逊和低调。但让狐射姑没想到的是，正是这个低调的副手把中军元帅的头衔从他的手里抢走了！

就在夷地军演之后不久，晋国又在董地举行了本年度的第二次军演，这次军演的目的只有一个：更换中军元帅。狐射姑原任的中军元帅一职被改派给了赵盾，而他本人则降职接任赵盾之前担任的中军副将。两次军演，将、佐易位，这样戏剧性的变化背后其实是晋襄公的老师——太傅阳处父在暗中推动。

据汉代刘向所编的《说苑》一书记载，阳处父早年为了投入晋文公门下为臣，曾经试着去走国舅爷狐偃的门路，结果狐偃推诿拖沓，白耽搁了三年工夫。无奈之下，阳处父被迫改弦易辙，央求赵衰，没想到赵衰三天就帮他把事儿给办成了。

到晋襄公当国的时候，那个曾经在世袭贵族的朱门大宅前处处碰壁的阳处父早已不是吴下阿蒙了，身为太傅的他在晋国政坛有着举足轻重的影响力。当夷地军演举行之时，阳处父碰巧出使卫国。等他回到国内，听说老长官的儿子赵盾让狐射姑压了一头，只能担任中军副将，阳处父便处心积虑地撺掇晋襄公在董地举行了改易中军元帅的第二次军演。

《左传》研究专家杨伯峻先生说，阳处父在董地举行军演，推动中军元帅换人，虽然这件事他事先可能跟晋襄公通过气，但最终却是他独断专行。身为太傅的他是以国老的资格来主持这次易帅军演的。

在毫无过失的情况下莫名其妙地被降职使用，狐射姑的愤怒可想而知。当然，他的愤怒肯定不只是针对阳处父，一定还有那个后来居上的赵盾。

因此，在晋襄公薨逝之后的朝廷会议上，狐射姑之所以力挺公子乐继位，死活不同意赵盾提名公子雍，根本的目的还是盘算着借拥立之功，重新夺回首辅大臣的地位。

首辅只有一位，有你便没了我。既然大家谈不拢，散会之后就各行其是了。赵盾派士会到秦国迎接公子雍返国继位，狐射姑也针锋相对地派出使者去陈国迎接公子乐。

公子乐的行动很快。在公子雍还没动身的时候，他已经走到了郫邑，眼看着翻过中条山，就望见国都绛邑了。赵盾无奈，只得派人在中途将他刺杀。当这个充满血腥的消息传到狐射姑的耳朵里，他勃然大怒：你赵盾这就是明摆着输不起，要改文斗为武斗啊！

公子乐人死不能复生，公子雍有秦国的卵翼，一时半会儿又动不了他。为了对等报复赵盾，意气用事的狐射姑指使族人狐鞫居刺死了帮助赵盾夺权的阳处父。他原想借这个老朽的死为自己争夺中军元帅和扶立公子乐的连续失败长出一口恶气，却没想到这一时冲动让他"好乱乐祸"的坏名声像瘟疫一样在朝廷里迅速蔓延。狡猾的赵盾趁机以擅杀国老的罪名号召群臣联合起来反对狐射姑，迫使他出逃狄地。

狐射姑的出逃，意味着狐氏这个自文公朝以来晋国最显赫的政治世家黯然退出政坛。原本双雄并立的晋国朝野变成了赵氏一姓的权力场。晋国从此开始走上了一条大夫专权，终致三家分晋的不归路。

叁

公子乐死了,狐射姑出逃,这部历史剧要照此演下去,似乎公子雍回国即位,赵盾稳坐首辅已经是板上钉钉的事情。但正是在这里,历史却显示出了它的不可预测性:那个曾经坚决支持公子雍返国的赵盾突然变卦了。对这戏剧性的一幕,司马迁是这样叙述的:

> 灵公元年四月(公元前620年),秦康公曰:"昔文公之入也无卫,故有吕、郤之患。"乃多与公子雍卫。太子母缪嬴(穆嬴)日夜抱太子以号泣于朝,曰:"先君何罪?其嗣亦何罪?舍適(嫡)而外求君,将安置此?"
>
> 出朝,则抱以适赵盾所,顿首曰:"先君奉此子而属之子,曰'此子材,吾受其赐;不材,吾怨子'。今君卒,言犹在耳,而弃之,若何?"
>
> 赵盾与诸大夫皆患缪嬴,且畏诛,乃背所迎而立太子夷皋,是为灵公。发兵以距秦送公子雍者。赵盾为将,往击秦,败之令狐。
>
> ——《史记·晋世家》

司马迁说,在得知秦康公发兵护送公子雍回国即位的消息之后,晋襄公的遗孀穆嬴抱着太子夷皋在朝堂上日夜号哭,痛斥群臣废黜太子是蔑弃君父，合起伙来欺负先君的未亡人。她还将愤怒的矛头直指当朝首辅赵盾。这对孤儿寡母跑到赵盾家里，当面质问他：为什么违背先君遗诏，不让太子继位？

被穆嬴堵住门口，一把鼻涕一把泪地控诉了老半天，赵盾最终选择妥协，同意立太子夷皋为君，并毁弃原议，发兵将公子雍拒于国门之外。赵盾的态度之所以会发生这样的转变，司马迁解释说，是因为"赵盾与诸大夫皆患穆嬴，且畏诛"。

这个解释细推敲起来，含糊的地方颇不少：赵盾和诸位卿大夫究竟为什么以穆嬴为患？是因为穆嬴的谴责让他们背负上了道德的罪孽，还是因为穆嬴有能力对他们采取强硬措施，这些人因为害怕被诛杀，所以才被迫向穆嬴妥协呢？从《史记》的文脉来看，司马迁叙述的貌似是后一种意思。

但照这样解释恐怕讲不通：穆嬴和夷皋这对孤儿寡母哪来的能力对执政大臣、中军主帅赵盾采取强硬措施呢？我们可以参照一下晋献公驾崩之后少主奚齐与权臣里克的故事。当年的里克还不是朝廷首辅，都能够轻而易举地在晋献公的丧礼上杀掉奚齐，而晋献公的遗孀骊姬对此却束手无策。现在面对着口含天宪、手握兵权的赵盾，穆嬴有什么能耐令他胆寒？如果她真这么有本事，又何必抱着太子到赵府哭诉，博取同情呢？

第二种理解既然不合逻辑，我们不妨换作第一种思路来推论：穆嬴的谴责让以赵盾为首的群臣感到了良心不安。那么，那个让赵盾等大臣"畏诛",对他们构成生命威胁的人又该是谁呢?

我的答案是:公子雍。他才是真正能够威胁到执政大臣赵盾的那个人。

之所以做出这个判断,我们可以从历史与现实两个方面来分析原因。从历史上说,当年晋惠公夷吾和晋文公重耳都是在秦军的护送下返国即位的。无独有偶,他们在返国之后都处死过朝廷中的原执政大臣:晋惠公夷吾杀死了邀请他回国登基的里克,而晋文公重耳则联合秦穆公处决了阴谋反叛他的吕甥和郤芮。这个历史的巧合反映出:自外入主的晋国新君同留守国内的执政大臣之间极容易爆发争夺朝政主导权的冲突,而最终吃亏的每每都是大臣。

现实的情况则是,当公子雍启程回国之际,秦康公特意关照这位秦国亚卿说:"当年晋文公返国的时候就是因为不带护卫亲兵,所以吕甥、郤芮才能趁机作乱。这回我得给你多派军队!"此言一出,不等于暗指赵盾会成为第二个吕、郤吗?所以才得多带甲士防着姓赵的嘛。

赵盾是邀请公子雍返国登基,可没料到会有大批秦军尾随他保驾护航啊!要真是让公子雍这样回国,运气好呢,赵盾可能被架空,从此淡出政坛;但凡他要有所抗争,当年晋文公和秦穆公联手除掉吕、郤的故事就得在他身上重演。

所以这一回赵盾是真的怕死。与其引狼入室,让公子雍带着秦国的虎狼之师回来，不如卖给穆嬴和夷皋一个顺水人情——相比起公子雍来，这对孤儿寡母可让赵盾放心多了。以上恐怕才是赵盾临时变卦的真实原因，而并非司马迁说的，赵盾是因为穆嬴的眼泪而遭到了"道德绑架"。

司马迁写《史记》常常表现出这样一种倾向，就是惯于从道德的角度去解释历史事件发生的原因。比如他在讲述著名的"城濮之战"，写到晋文公考虑是否与楚国进行主力决战的时候，是这样分析的：

> 楚围宋，宋复告急晋。文公欲救则攻楚，为楚尝有德，不欲伐也；欲释宋，宋又尝有德于晋：患之。
>
> ——《史记·晋世家》

司马迁说，是否与楚国进行主力决战让晋文公颇费踌躇，因为当时楚军正在围攻宋国都城商丘，楚成王和宋襄公又都曾经在晋文公流亡的时候殷勤地招待过他，楚、宋双方都是旧交情，文公帮哪边都觉得过意不去。

还是这个事件，《左传》的记载却有不同：

> （文公曰：）"宋人告急，舍之则绝。告楚不许。我欲战矣，齐、秦未可，若之何？"
>
> ——《左传·僖公二十八年》

在与楚国决战前，真正让晋文公担心的是，晋国的盟友齐国和秦国态度暧昧，如果他们不愿联兵参战，想要击败楚国，胜算不大。

两相比较，《左传》中的晋文公更像一个审时度势、老谋深算的政治家，而《史记》中的晋文公则不免沾上些妇人之仁。

大概是因为继承了孔子修撰《春秋》的学术精神——"《春秋》之义行，则天下乱臣贼子惧焉"（《史记·孔子世家》），司马迁很看重在历史叙述中弘扬道德理想，传播价值观念。因此，他才会将晋文公在决战前的犹豫解释为报恩与念旧，也因此，他才会将赵盾在拥立新君事件中的临时变卦解释为对穆嬴的内疚与良心发现。

这样的叙述有时模糊了历史发展的真实脉络，倒是阴差阳错地给后世演绎历史的小说家提供了一种讲故事的思路。

赵盾拒绝公子雍，择立太子夷皋为君，这件事在三家分晋的历史进程中具有里程碑式的意义。在此之前，晋国还从来没有哪个权臣具备这么大的能量，足以将自外入主的新君拒于国门之外。晋惠公、晋怀公和晋文公，这些自秦返国的流亡公子无一例外地都登上了晋国权力的巅峰，但到了公子雍这儿，从前的历史定律不再起作用了。这说明从晋献公时代就已实行的不准国内收留同姓公子的政治规矩已经严重削弱了晋国公族的力量，而自晋文公被庐之蒐（公元前633年）以来形成的以异姓卿大夫出任三军将帅、佐理国政的制度则极大地提升了世卿的政治话语权。

> 公族,公室之枝叶也;若去之,则本根无所庇荫矣!
>
> ——《左传·文公七年》

作为同姓公族的公子雍已经被挡在了国门之外,而公室之内,尚在幼年的新君夷皋即将沦为赵盾手中的傀儡,眼下的晋国已经缓缓走进强臣弱主、尾大不掉的乱局之中了。

肆

年幼的太子夷皋被册立为新君(即晋灵公)之后,晋国的政权实际上已经落入了赵盾的手中:

> (灵公元年)秋,齐、宋、卫、郑、曹、许君皆会赵盾,盟于扈,以灵公初立故也。
>
> ——《史记·晋世家》

因为晋灵公年龄太小,不能亲政,所以执政大臣赵盾代替他召集齐、宋等六国诸侯在扈举行盟会。这是中国历史上第一次由卿大夫出面召集的诸侯会盟,与六国领导人等列齐观的赵盾此时俨然是晋国的国家元首了。

历史上的权臣秉政,往往都是钻了君主年幼的空子。但小孩子总有长大的一天,十四年的时间转瞬即逝,独立意识越来越强的晋灵公同赵盾的矛盾慢慢地尖锐了起来:

十四年（公元前607年），灵公壮，侈，厚敛以雕墙。从台上弹人，观其避丸也。宰夫胹熊蹯不熟，灵公怒，杀宰夫，使妇人持其尸出弃之，过朝。赵盾、随会（士会）前数谏，不听；已又见死人手，二人前谏。随会先谏，不听。灵公患之，使钮麑刺赵盾。

——《史记·晋世家》

司马迁对晋灵公的这段描述不禁让我想起了历史上臭名昭著的殷纣王。这二位君主似乎有不少相同点：生活奢侈，性格易怒，惯于对身边的人滥施淫威。但是，就像当年的殷纣王可能遭到西周史官的丑化一样，《史记》对晋灵公的上述描写恐怕也是值得仔细推敲的。

如果在刚继位的时候，晋灵公还是一个懵懂幼儿的话，那么十四年过去了，他已经成年。设身处地为他想想，空顶着国君的冠冕，却无法行使列祖列宗传下来的最高权力，是什么感觉？如果说晋灵公在生活中喜欢讲排场，那也无非是要显示身份，提醒周围的人：这个国家真正的主人应该是我，而不是那个姓赵的老朽！

至于对身边的人苛刻暴虐，予取予求，则显示出晋灵公的权力意识已经在灵魂深处渐渐苏醒。就像一只幼虎尝试着扑食那样，这是它成为百兽之王的第一步。只不过拿着弹弓从高台上射人，透露出他骨子里还是个幼稚而任性的孩子。

对晋灵公来说，赵盾是悬在他脑袋上的一把铜戒尺。因为这位执政大臣的存在，灵公不但无法树立国君的权威，而且还得时不时地听他训导。在这种情况下，赵盾越是进谏，灵公的逆反心理必然越强。这只龇牙咧嘴的幼虎现在已经决定要对驯兽师的皮鞭发起反抗了，所以他才会指使钼麑刺杀赵盾。

虽然刺客钼麑在潜入赵家之后临时改变了主意，但灵公必欲置赵盾于死地的决心已经不可动摇，于是他又安排了对赵盾的第二次暗杀行动，并成功迫使赵盾出逃。

两次刺杀行动虽然最终逼走了赵盾，但灵公显然低估了赵氏在晋国政坛的影响力。

> 盾遂奔，未出晋境。乙丑，盾昆弟将军赵穿袭杀灵公于桃园而迎赵盾。赵盾素贵，得民和；灵公少，侈，民不附，故为弑易。
>
> ——《史记·晋世家》

赵盾出逃之后，他的族亲——将军赵穿袭杀了晋灵公，并将赵盾迎了回来。赵盾做了多年的中军元帅、执政大臣，在晋国树大根深。和他相比，晋灵公只不过是个乳臭未干的孩子。就算耿介的太史董狐执意在国史档案里写下"赵盾弑君"的记录，这位执政大臣的所作所为也很少遭到国人的质疑。

晋灵公死后，赵氏迅速擦干了他的血迹，并将晋文公的小儿子、当时避难东周的公子黑臀迎回国内，立为新君。就在新君成公即位的当年，赵氏便借着弑立攫取了一个更为重要的政治身份：

成公元年（公元前606年），赐赵氏为公族。

——《史记·晋世家》

如果说当初拒绝公子雍回国，是世卿削弱了晋国公室的枝叶的话，那么现在赵氏取代同姓公子获得公族的身份，便意味着他们摇身一变，成了公室的新"枝叶"，而这像蛇一样的"枝叶"日益壮大，终有一天会让主干窒息而死。

伍

执掌晋国长达二十年的赵盾于公元前601年去世。在他死后，晋国本已摇摇欲坠的霸权迅速崩塌。

四年之后的公元前597年，也就是晋景公三年，南方霸主楚庄王率军攻击郑国，进取中原。晋景公任命荀林父为中军元帅，率领三军南下援郑。由于身为中军元帅的荀林父缺乏足够的威信，领导权力的涣散致使晋国的决策始终在战与和之间左右摇摆，没有进行充分的战争准备，三军仓促上阵，结果遭到迎头痛击，最终演成了晋国在邲之战的惨败。

对即位才三年的晋景公来说，被楚庄王赶下中原霸主的宝座自是国耻，但他却也因祸得福：现在晋国的中军元帅不再是赵盾那样的强人了，国君的权力和威信正可以趁机巩固。

在晋景公执政的十九年时间里，晋国先后经历了五任中军元帅：郤缺（前601—前597）、荀林父（前597—前594）、士会（前594—前592）、郤克（前592—前587）和栾书（前587—前573），执政大臣的更迭速度之快甚至超过了今天的美国总统换届。这表明此时晋国世卿内耗非常严重。正是这种特定的历史环境让晋景公有充足的权力空间来为晋国霸权的恢复谋篇布局。

晋景公八年（公元前592年），晋景公邀请齐顷公赴断道之会。虽然使臣郤克与齐顷公的一点私人摩擦导致会盟目的未能达成，但在三年之后（公元前589年）的鞌之战中，晋国仍然成功降服齐国，牢牢地拉住了这个与楚争霸的重要帮手。

同年，楚国大臣申公巫臣投奔晋国，因为他的家族遭到了楚将子反的屠杀。申公巫臣主动向晋景公请命出使吴国，扶植这个楚国的附属国来捣乱它的后院。

拉拢齐国，扶植吴国，晋景公的这个战略规划在短短几年的时间里就让晋国重新夺回了对楚争霸的主动权。随着吴国在东南方向的掣肘日益严重，楚共王被迫放慢了争霸的步伐，并在晋景公的儿子晋厉公上台的第二年（公元前579年）与晋国举行了第一次弭兵之会，双方达成休战协议。

楚国的盘算是借机从中原战场上拔出手来把吴国先收拾了，解除后顾之忧。但晋厉公却抢先一步，趁楚国无暇北顾之机，召集诸侯联军讨伐楚国最重要的盟友秦国。

联军在麻隧大败秦军之后,秦国元气大伤,再也无力威胁晋国的侧翼,而楚国也随即陷入了势单力孤的境地。齐、吴、秦三方布局完成之后,终于,在公元前575年,经过晋景公、晋厉公父子两代人的苦心经营,晋国在鄢陵之战中击败楚国,重新夺回了中原霸主的宝座。

晋景公、晋厉公父子将全副精力投入与楚国的争霸战争并最终获胜,看起来在这段长达二十六年的时间里,困扰晋国的世卿专权的梦魇都没有再发作过。但是,就在鄢陵之战的两年以后(公元前573年),刚刚登上人生巅峰的晋厉公却遭到了世卿大夫栾书与中行偃的囚杀。这突如其来的变故又是怎么发生的呢?

事情是这样的。

鄢陵战胜以后,晋厉公暂时解除了晋国的外部威胁,开始将注意力转向国内,希望进一步提升国君威信,巩固权力基础。为了实现这个目标,他计划全面清洗晋国的旧有诸卿,提拔一批亲信新贵来取代这些老人,为晋国政坛换血。那么,该拿谁先开刀呢?厉公的信臣,也是候选新贵之一胥童向他建议:

"必先三郤。族大,多怨。去大族,不偪(逼);敌多怨,有庸。"

——《左传·成公十七年》

胥童的意思是枪打出头鸟,要拿郤氏的三位大夫郤锜、郤犨、郤至的鲜血来祭旗。因为三郤飞扬跋扈，独断专行，不但威胁国君，与晋国其他的政治势力也有不少摩擦。失道者寡助，剪除他们，易于成功。

胥童的分析是正确的。因为很快，中军元帅栾书就主动把屠刀给晋厉公递上来了。在先前的鄢陵之战中，郤至拒绝服从主帅栾书的战术安排，主动出击，最终获胜，抢了栾书的风头，这让栾书耿耿于怀。为了扳倒郤氏，栾书暗地里联络楚国，撺掇楚国派遣使者向晋厉公放假消息："楚国之所以与晋国在鄢陵交兵，那都是郤至在背后捣鬼。他打算援楚作乱，废黜晋君，迎立公子周回国即位。"

里通外国，阴谋废立，这要坐实了，可是惊天大案哪！将信将疑的晋厉公找来首辅栾书商量对策。栾书说："公子周现在成周洛邑。我们索性将计就计，派郤至出使成周，看他同公子周是否有秘密接触。"

就这样，不明就里的郤至踏上了去成周的旅程，而在那厢，栾书已经安排好公子周等候他的到来了。看到郤至与公子周会晤的晋厉公认定，郤至是十恶不赦的叛逆，遂于公元前573年十二月，下令胥童率领八百甲士发动突袭，将三郤势力一网打尽。

按照晋厉公最初的设想，铲除三郤之后，他应该一鼓作气，将其余的旧卿尽数消灭。事实上，胥童此时已经把栾书和中行偃控制起来了，只等晋厉公一声令下，就叫他们人头落地。

胥童不断提醒厉公:"留此二人,必生后患!"但走到距离"成功"只差一步之遥的地方,晋厉公却突然犹豫起来:

"一旦杀三卿,寡人不忍益也。"

——《史记·晋世家》

后来,无数史家都为晋厉公的这点"妇人之仁"扼腕叹息。他将高高举起的屠刀缓缓放下,对栾书和中行偃说:

"寡人有讨于郤氏,郤氏既伏其辜矣,大夫无辱,其复职位!"

——《左传·成公十七年》

在刀口下捡回一条性命的栾书和中行偃叩头不迭,连声感谢国君的不杀之恩。但就在一个月后,正是这两位被晋厉公宽宥的大臣发动政变,囚杀了晋厉公和他刚刚提拔的卿大夫胥童。

坦率地说,我并不相信晋厉公对栾书和中行偃手下留情是出于仁心与悲悯。这位将晋国重新带回巅峰的政治家对他一手发动的大清洗行动应该有着更深刻的考虑。

虽然在晋景公和晋厉公执政的这二十几年里,世卿很少对君权形成严重压迫,但这并不代表两位中兴之主彻底解决了世卿专权的制度隐患。恰恰相反,诸卿执政的制度正是在晋景公执政时期获得了进一步强化。公元前588年冬,晋始作六军,除原有六卿外,韩厥、巩朔、韩穿、荀骓、赵括、赵旃皆为卿。

晋景公将晋国的军事力量扩充为与周天子相等的六军,六军将佐统率军队,同时也是政府的领导人。因为晋国同姓公族早已式微,因此六军十二卿大半由异族出任。到晋厉公发动大清洗的时候,就算他一口气更换掉从前的十二位卿大夫,在诸卿执政制度没有根本变革的前提下,新任诸卿仍会构成对君权的威胁。说白了,胥童们与栾书们虽然资历有深浅,但身份上并没有本质的区别。胥童急不可耐地催促晋厉公杀掉栾书,真让他上了位,他就那么可靠吗?

全面清洗旧卿势力无益于国家的长远发展,但在短期内对国家造成的伤害却是显而易见的:诸卿首先是军队的领导人,而军队的领导权最讲究资历。用一批没有根基的新人出任军队的领导职务,必将导致晋军的战斗力滑坡。一旦出现这种情况,晋国花费二十几年才夺回的中原霸权可能会再度易手,晋厉公敢冒这么大的风险吗?

所以,应该是基于上述理由,在解决三郤大夫之后,晋厉公才会紧急叫停这次清洗行动,由栾书、中行偃与胥童等人组成新的六军班底,意图让新人、旧人彼此克制,互为掣肘。但这个极不稳定的权力架构随即便在栾书和中行偃发动的政变中迅速崩塌了。

晋厉公死后,栾书真的按照他之前编造的谣言,从成周洛邑迎回了年仅十四岁的公子周,立他为晋国的新君,是为晋悼公。

悼公即位的当年:

> 于是逐不臣者七人。修旧功,施德惠,收文公入时功臣后。

——《史记·晋世家》

晋厉公扶植的新人势力被悉数清除,旧卿全面把持朝政。从此以往,他们的地位固如磐石,再也无法撼动了。晋悼公三年(公元前570年),发生了这样一件极具象征意义的事情:

是年,晋国在鸡泽举行诸侯会盟。晋悼公的弟弟杨干在盟会上不慎扰乱军队行列,晋国司马魏绛当场就对他的御者处以极刑。打狗还得看主人呢,魏绛当着天下诸侯的面让晋悼公下不来台,而晋悼公呢,非但不能杀他,还得夸他贤明,委以政事。国君的威严在这些世卿的面前可谓扫地无存。

回想起公元前592年晋景公让郤克出使齐国的时候,齐顷公的母亲嘲笑郤克是个佝偻,郤克恼怒之极,愤而要求晋景公发兵攻齐,晋景公不耐烦地说道:"就这点儿事也值得国家劳师动众,多大脸呐你?!"

从晋景公对郤克的拒绝到晋悼公对魏绛的妥协,今昔相较,晋国公室的尊严已经荡然无存。

陆

晋厉公整肃诸卿的失败，意味着晋国公室失去了最后一次阻止世卿专权的机会。从此往后，晋国的历史便开始向着"三家分晋"的终点一路狂奔。

公元前558年，因栾书政变而上台的晋悼公也去世了。十九年后，晏子出使晋国。面对这位齐国政治家，晋国贤大夫叔向对他悲伤地感叹道：

"虽吾公室，今亦季世也。戎马不驾，卿无军行，公无乘人，卒列无长。……栾、郤、胥、原、狐、续、庆、伯，降在皂隶。政在家门，民无所依。……晋之公族尽矣。肸闻之，公室将卑，其宗族枝叶先落，则公室从之。肸之宗十一族，唯羊舌氏在而已。……公室无度，幸而得死，岂其获祀？"

——《左传·昭公三年》

从叔向的描述看来，此时晋国公室的衰微之势已经非常严重：公室的戎马不驾兵车，诸卿不再率领公室军队，意味着国君已经没有了能够直接掌握的军事力量；栾、郤、胥、原等贵族先后在政治斗争中失败，诸卿的厮杀淘汰进程几近结束，已经形成了由韩氏、赵氏、魏氏、中行氏、范氏、智氏六卿执政的稳定局面；同六卿的日益强大相比，晋君的同姓公族却凋零殆尽，这意味着晋国公室已经再无力量扭转六卿专权的发展趋势了。

因此，叔向说，晋国的国祚已经走到了日暮途穷的时候。

到晋顷公十二年（公元前514年），韩、赵、魏等六卿以法诛灭了晋国公室的同族祁氏与羊舌氏，并将他们的封邑改为十个县。这意味着晋国立国的基本制度——封邑制遭到了破坏，公室更为孤弱。

至晋定公时期，六卿的兼并继续推进，范氏和中行氏先后在斗争中失败，退出了晋国的政治舞台。当范氏、中行氏与赵氏开衅的时候，敌对双方都力图将晋定公绑在自己的战车上。而晋定公面对两派势力的政治绑架，却束手无策，徒呼奈何。

到晋定公的儿子晋出公即位之后，智氏等在兼并斗争中取胜的四卿瓜分了范氏与中行氏的封地，势力更为强大。不甘心沦为傀儡的晋出公于公元前458年做出了最后的一丝挣扎，他向齐国和鲁国发出了求援信号，请两国派兵帮助他讨伐四卿。得知消息的四卿联手对晋出公发动了攻击，晋出公被迫逃亡齐国。

想当年，晋出公姬凿的先祖文公重耳也曾经流亡齐国，并在数年之后返国，开创了晋国的辉煌霸业。但历史没能重演，晋出公最终死在了凄凉的逃亡路上。

半个世纪之后，公元前403年，韩、赵、魏三家在诸卿兼并中最终胜出的卿大夫获得了周王室的正式承认，脱离晋国，成为独立的诸侯。

  又过了二十七年，公元前 376 年，韩、赵、魏三国决定废黜晋国国君姬俱酒为庶民，立国六个半世纪的晋国踉踉跄跄地走到了寿终正寝的尽头。虽然在此后的战国岁月中，获得了晋都绛邑的魏国仍然以"晋"自称，但那个曾经风光无限的春秋霸主却已实实在在地沦为故纸青简上的遗物，只供后人追忆和缅怀……

附 主要人物关系表

表一 晋国公室

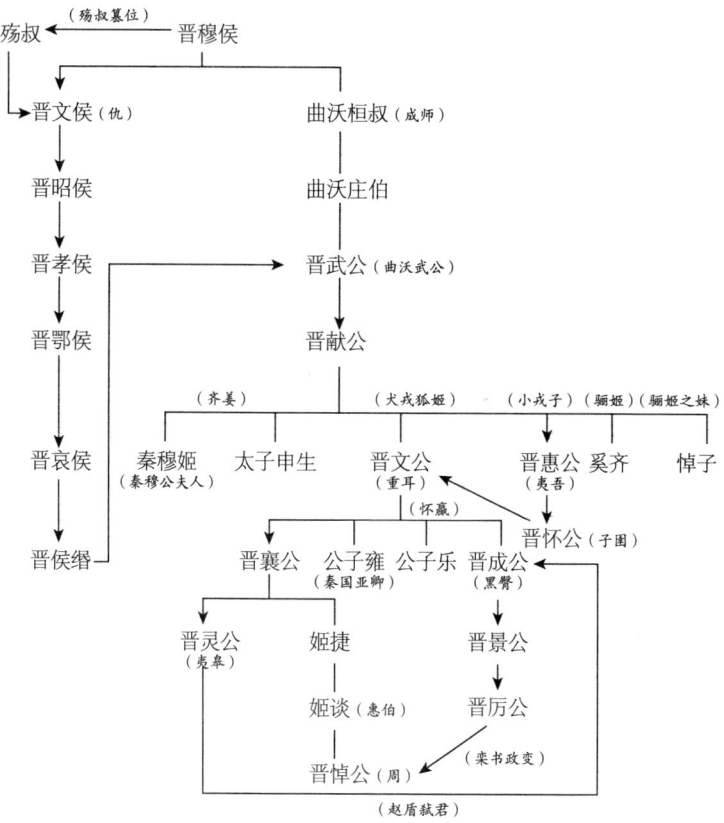

表二 赵氏、韩氏

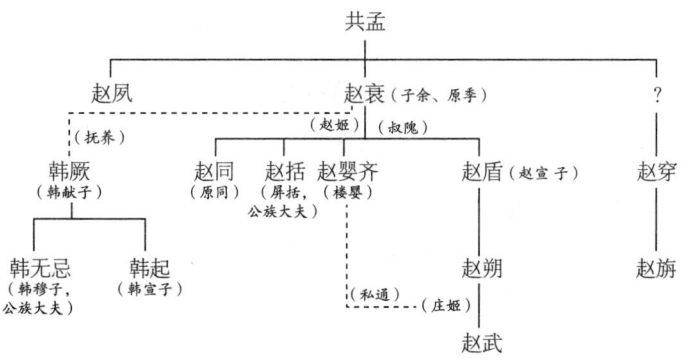

表三 狐氏、先氏、栾氏、魏氏

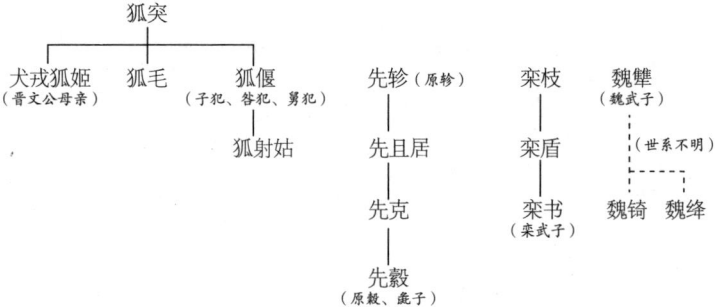

表四 中行氏、智氏、范氏

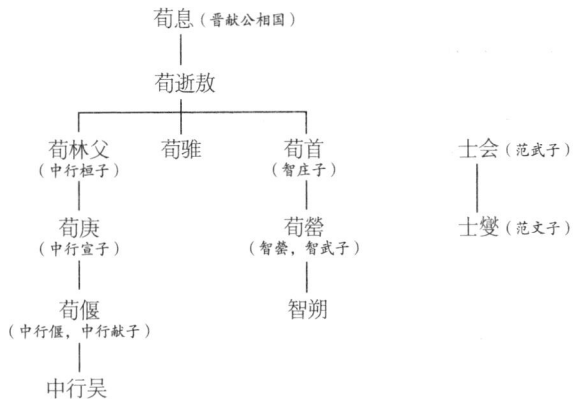

表五 郤氏

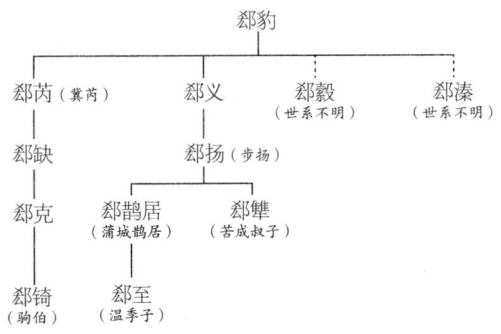